Komm in das Haus meiner Wünsche

Passagen, Wegweisungen
und Glückwünsche
herausgegeben von Jürgen Schwarz
Zeichnungen von Tobias

Eschbach

Die Deutsche Bibliothek – CIP-Einheitsaufnahme

Komm in das Haus meiner Wünsche: Passagen,
Wegweisungen und Glückwünsche/hrsg. von Jürgen Schwarz.
Zeichnungen: von Tobias
Eschbach/Markgräflerland:
Verlag am Eschbach, 1993
ISBN 3-88671-144-7
NE: Schwarz, Jürgen (Hrsg.)

Umschlag nach einem Entwurf
von Neuffer Design, Freiburg
Umschlagfoto: Marco Schneiders, Lindau
Reproduktionen:
Axel Zwach, Friesenheim
Repro-Technik-Schröder, Uelzen
Satz und Druck:
B&K Offsetdruck GmbH, Ottersweier
Verarbeitung:
Großbuchbinderei Josef Spinner, Ottersweier
Der Satz erfolgte aus der Times Buch 10,5/13 Punkt

Die Wege Phantásiens«, sagte der Löwe Graógramán, »kannst du nur durch deine Wünsche finden. Und du kannst immer nur von einem Wunsch zum nächsten gehen. Was du nicht wünschst, ist für dich unerreichbar. Das bedeuten hier die Worte ›nah‹ und ›fern‹. Und es genügt auch nicht, nur von einem Ort fortgehen zu wollen. Du mußt zu einem anderen hinstreben. Du mußt dich von deinen Wünschen führen lassen.«

»Aber ich wünsche mich gar nicht fort«, antwortete Bastian.

»Du wirst deinen nächsten Wunsch finden müssen«, erwiderte Graógramán beinahe streng.

»Und wenn ich ihn finde«, fragte Bastian, »wie werde ich dann von hier fortgehen können?«

»Höre, Herr«, sprach Graógramán leise, »es gibt in Phantásien einen Ort, der überall hinführt und von überall erreicht werden kann. Dieser Ort wird der Tausend Türen Tempel genannt. Niemand hat ihn je von außen gesehen, denn er hat kein Äußeres. Sein Inneres aber besteht aus einem Irrgarten von Türen. Wer ihn kennen lernen will, der muß sich hineinwagen.«

»Wie kann man das, wenn man sich ihm von außen gar nicht nähern kann?«

»Jede Tür«, fuhr der Löwe fort, »jede Tür in ganz Phantásien, sogar eine ganz gewöhnliche Stall- oder Küchentür, ja, sogar eine Schranktür kann in einem bestimmten Augenblick zur Eingangspforte in den Tausend Türen Tempel werden. Ist der Augenblick vorüber, so ist sie wieder, was sie vorher war. Darum kann niemand je zum zweiten Mal durch dieselbe Tür gehen. Und keine der tausend Türen führt dorthin zurück, wo man herkam. Es gibt keine Rückkehr.»

»Aber wenn man einmal drin ist«, fragte Bastian, »kann man denn irgendwo wieder hinaus?«

»Ja«, antwortete der Löwe, »doch es ist nicht ganz so einfach wie bei gewöhnlichen Gebäuden. Denn durch den Irrgarten der tausend Türen kann dich nur ein wirklicher Wunsch führen. Wer den nicht hat, der muß solange darin herumirren, bis er weiß, was er sich wünscht. Und das dauert manchmal sehr lang.«

»Und wie kann man die Eingangspforte finden?«

»Man muß es sich wünschen.»

Bastian dachte lange nach, dann sagte er:

»Sonderbar, daß man nicht einfach wünschen kann, was man will. Wo kommen die Wünsche in uns eigentlich her? Und was ist das überhaupt, ein Wunsch?«

Graógramán blickte den Jungen groß an, antwortete aber nicht.

Michael Ende (*1929)

Hast du dir denn nichts gewünscht?

Es war einmal ein Ehepaar, erzählt das Märchen *Von dem Fischer un syner Fru,* die lebten in einem Pißpott, der buchstäblich das war, was das Wort sagt: eklig. Dicht am Meer wohnten sie, und der Fischer »ging alle Tage hin und angelte: und er angelte und angelte. So saß er wieder einmal mit seiner Angel und schaute immer in das klare Wasser hinein: und er saß und saß«, wie so mancher heute sitzt und sitzt und ins klare Wasser des Lebens schaut, daß sich doch die Lösung seiner täglichen Probleme einmal zeigen müßte.

»Da ging die Angel auf Grund« – und wie das so ist, wenn ein Mensch einmal auf den Grund seines Lebens vorstößt, zieht er einen großen Plattfisch aus dem Wasser, der sich alsbald als verwunschener Prinz entpuppt. Um dem sicheren Suppentopf zu entgehen, handelt er dem Fischer sein Leben ab allein mit dem einleuchtenden Einwand, daß ein verwunschener Prinz schwerlich die Suppe so delikat mache, wie der Fischer es sich ersehnt. »Nun«, sagte der Fischer, »du brauchst nicht so viele Worte zu machen, einen Butt, der sprechen kann, werde ich wohl schwimmen lassen.« Und er setzt den Glücksfang seines Lebens, ohne davon materiell zu profitieren, zurück ins klare Wasser. Der Butt geht auf Grund; einen langen Streifen Bluts hinterläßt er als Zeichen eines neuen Anfangs im Leben des Fischers.

Was ist Glück?, möchte man fragen. Worin besteht Glück? Für den Fischer offenbar durchaus nicht im materiellen Besitz eines Butts. Auch nicht für die Frau. Sie empfängt den Mann nach der Tages Müh und Last zuhause, wie unendlich viele Hausfrauen oder Hausmänner vor und nach ihr, und beginnt mit dem unter Partnern ebenso oft verzweifelt geübten wie mißlungenen Versuch eines gemeinsamen Gesprächs. Doch siehe da, der Mann zeigt sich außergewöhnlich gesprächig, greift nicht zur Zeitung, um die lästigen Fragen seiner Frau abzuwehren, sondern erzählt aus freien Stücken, daß er einen Butt fing, der sich als verwunschener Prinz entpuppte, den er aber habe wieder schwimmen lassen. »Hast du dir denn nichts gewünscht?«, fragt sie ebenso selbstverständlich wie zwingend. Denn ganz ohne Frage hat die Frau erkannt, wozu der Mann entweder nicht fähig oder willens war: Ein Butt, der ein verwunschener Prinz ist, wird doch wohl noch einen Wunsch erfüllen können – und sei es auch ein noch so kleiner wie der nach einer Hütte. »Er tut es gewiß. Geh gleich hin.« Der Grund ist gelegt, um dem elenden Dasein des Pißpotts ein Ende zu bereiten. Die soziale Stufenleiter des Lebens wird nun aufwärts zeigen.

Ein Urmärchen nennt Walter Lüthi, der Nestor der europäischen Volksmärchenforschung, dieses Märchen der Gebrüder Grimm. Zu recht, erzählt es doch davon, daß der Mensch sich nicht in sein wie auch immer geartetes Lebensschicksal ergeben muß. Er hat Wünsche oder sollte sie doch wenigstens haben, Träume wohl auch, wie sein Leben sich gestalten könnte. Sie sind in der Lage, dem Leben eine Änderung zu geben – spätestens dann, wenn der Tag aller Tage, der Wunschtag naht. Und so wünscht sich Ilsebill in den Mittelpunkt der Welt, wie es die Forscher der Mythen nennen würden; sie wünscht sich ein richtiges Zuhause, in dem sie ihr Leben gestalten kann.

»Die Wege Phantásiens«, sagt der Löwe zu Bastian, »kannst du nur durch deine Wünsche finden. Und du kannst immer nur von einem Wunsch zum nächsten gehen. Was du nicht wünschst, ist für dich unerreichbar.« Was ist das, wird Bastian später fragen, ein Wunsch? Wo kommen die Wünsche in uns eigentlich her? Wie gelangen wir in den Tausend Türen Tempel, in eine Wirklichkeit, in der unsere Wünsche an ihr Ziel gelangen?

Umfragen zeigen: Menschen wünschen sich vor allem das eigene, private Glück. Die Zeiten der Askese sind vorbei, in denen das Glück, sich um die alltägliche Notdurft nicht sorgen zu müssen (Essen, Kleider, Wohnen), einer Elite vorbehalten war. Wem zuliebe sollte man verzichten, nachdem der liebe Gott und viele seiner irdischen Vertreter abgesetzt worden sind? Das private Glück, eine Wunschvorstellung aus alter Zeit, ist planbar geworden. Wir wissen nicht nur, daß »den Faulpelz seine Wünsche umbringen, weil seine Hände sie nicht erfüllen können« (Biblische Sprichwörter 21, 25), wir haben auch die Mittel, das zu ändern.

Es zeigt sich freilich, daß es mit der Erfüllung eines ersten Wunsches allein nicht getan ist. Er zieht den zweiten und viele andere nach; denn – auch dies wissen wir – »der Glücklichste stirbt unter Wünschen« (Ewald Christian von Kleist, Die Unzufriedenheit der Menschen). Dem hält die Volksweisheit entgegen: »Es geht alles nach Wunsch, wenn man zufrieden ist.« Wenn es denn so einfach wär! Das persönliche Glück mögen wir planen können, indes bleibt genug, was unserer Verfügung entzogen ist.

Wir haben z.B. nur begrenzten Einfluß auf unser gesundheitliches Glück und sind nicht in der Lage, einen Menschen, der uns nahesteht, vor einem Verkehrsunfall zu bewahren. Die Ozonschicht vermögen wir zu durchlöchern, den Lauf der Sonne aber nicht zu bestimmen. Wir scheitern an den banalen Ergebnissen des von uns geplanten Glücks. Je mehr wir uns in unserem häuslichen Glück einrichten, umso mehr werden wir umzingelt von einer Fülle schrecklicher Ereignisse, die sich täglich um uns herum abspielen in unserer größer gewordenen Lebenswelt. Mögen wir auch nicht an den Katastrophen dieser Welt beteiligt sein, umstellt die Informationswelt unser Glück doch täglich mit neuen Aufrufen, an Massenvernichtungen teilzunehmen wie weiland andere Menschen an Hinrichtungen. Gibt es eine Möglichkeit, unser ganz persönliches, kleines Glück anders in den Unglücken dieser Zeit zu schützen als durch Verdrängen? »Die Welt war und ist ein Rätsel. Der Mensch steht vor dem Chaos, und Glück ist nichts anderes, als vom Chaos nicht verschlungen zu werden« (Sybil Gräfin Schönfeldt, Viel Glück. Herder Verlag, Freiburg 1992, 117).

Wir möchten den Philosophen gerne glauben, die uns sagen, ohne Chaos geht es nicht. Chaos sei ein Naturgesetz; nur wenn es greife, würde sich die Welt verändern. Chaos-Forschung, so sehr sie in Mode ist, hin oder her: Es rührt sich der Zweifel. Die Welt, meinen wir, ist so eigentlich nicht gedacht – und von uns doch wohl so auch nicht gewollt? Wenn sich etwas ändern soll, muß es im Kleinen *bei uns* anfangen. Beginnen *wir* damit, unsere Wünsche und Träume wiederzufinden.

Dieses Buch handelt vom Wünschen und vom Glück, das sich daraus ergibt; von zwei dem Menschen vertrauten Empfindungen also, die eigenartigerweise in der Bibel nur am Rande erwähnt werden. Es vereinigt, einem Handbüchlein (Enchiridion) gleich, einen Grundbestand an Lesestücken – Gedichte, Geschichten, Lebensregeln, Glückwünsche oder Gebete –, die geeignet erscheinen, Wünsche anzuregen und auf diese Weise zum Glück beizutragen.

Ein erstes Kapitel *Den Himmel erreichen (13)* führt dahin, wo Wünsche wachsen dürfen. Ihm gesellt sich als zweites Kapitel hinzu *Geliehene Stunden (49),* in denen uns das Glück zu begegnen vermag.

Der Untertitel dieses Buches lautet *Passagen, Wegweisungen und Glückwünsche.* In Passagen pflegt man zu flanieren, mit Lust, aber ohne bestimmtes Ziel. Gleichwohl entdeckt man in den Auslagen der Geschäfte, an denen man beiläufig vorbeischaut, zuweilen dies und das, das man sein eigen nennen möchte; vorausgesetzt, man gibt seinem Wunsche nach, wird es uns nun ein Leben lang begleiten. Es gehört sozusagen zur Lebensausrüstung. In diesem Sinne stecken in den Passagen der ersten beiden Kapitel durchaus Lebensregeln und es wären unschwer Glückwünsche zu destillieren.

Das dritte Kapitel *Möge deine Seele aufleuchten (83)* dient diesen mehr praktischen Belangen. *Glückwünsche, Vorschläge* und *Anregungen* werden zusammengetragen, wie man sie wohl zu Geburtstagen, anderen Festtagen oder Zeiten der Genesung einander sagen oder schreiben könnte, um Gutes zu wünschen, vielleicht eine Richtung anzudeuten, die zu erwägen wäre.

Erwägungen eben dieser Art werden ausgebreitet im vierten Kapitel *Gehen Schritt um Schritt (109). Wegweisungen, Lebensregeln* und *Ratschläge* mögen helfen, an den Kreuzungen des Lebens vielleicht hin- und wieder sicherer zu bestimmen, wie es weitergehen könnte.

Der Titel des Buches spricht eine Einladung aus. Er ist einem Gedicht von *Hilde Domin* entnommen. In dem abschließenden fünften Kapitel *Komm in das Haus meiner Wünsche (131)* wird es abgedruckt. Hier finden Sie auch einige editorische Notizen über die Entstehung und die Grenzen dieses Buches. Ein Literaturverzeichnis, das die Quellen der zum Abdruck gelangenden Texte enthält, beschließt das Buch.

Das abschließende Zitat von Michel de Montaigne (1533–1592) verdanke ich *Reiner Kunze*. In seinem ebenso hellsichtigen wie genauen Tagebuch *Am Sonnenhang* (S. Fischer Verlag, Frankfurt a. M. 1993, 201) notiert *Kunze:* »Bei dem, was ich mir ausborgte, achte man darauf, daß ich zu wählen wußte, was meinen Gedanken ins Licht rückt. Denn ich lasse andere das sagen, was ich nicht so gut zu sagen vermag, manchmal aus Schwäche meiner Sprache, manchmal aus Schwäche meines Verstandes« (Montaigne).

Eschbach, im Juli 1993 Jürgen Schwarz

Wünsch dir was
sagte die gute Fee

Alt und weise
möchte ich werden
und unerschrocken.
Eine eigensinnige Alte
mit silbernen Haaren
ohne Strümpfe
in lila Sandalen.
Und Lachfalten
möchte ich haben.
Ganz viele.

Anne Steinwart (*1945)

ERSTES KAPITEL

Den Himmel erreichen

Kein Dach

Bau kein
sicheres Dach
über unserem
Flüstern.

Den Himmel,
weißt du,
den Himmel
soll es erreichen.

Olly Komenda-Soentgerath (*1923)

Der Mensch lebt unter einem zwiefachen Dach: dem Gebälk des Hauses und dem Zelt des Himmels.

Der von Menschenhand gemachte Dachstuhl ruht auf stabilen Beinen. Durch die Mauern, die ihn stützen, dringt kein Laut des intimen Gesprächs zu unbefugten Ohren. Schützender Raum ist uns geboten für »unser Flüstern«.

Der Himmel verweist uns an die unendliche Weite und Möglichkeit der geschaffenen Welt. Wir sind hier, aber wir sind Gäste. Eines Tages werden wir unsere Zelte abbrechen und eine andere Welt der Schöpfung kennenlernen.

Dort, wo das Menschendach und das Himmelsdach einander berühren, wohnen unsere Wünsche. Hier gewinnt unser Flüstern Verstehen und Erfüllung.

In diesem Kapitel geht es zum einen um den Ort, an dem unsere Wünsche zuhause sind; zum andern darum, daß wir uns Wünsche zugestehen und versuchen sollen, sie uns gegenseitig zu erfüllen.

Wo Wünsche wachsen dürfen

Mit dem Wort *Haus* verbinden wir in unserer Sprache die Verben *wohnen* und *bauen. Bauen* war in alter Zeit eine Metapher; sie bedeutete *wachsen lassen* und läßt sich auf das Verb *schwellen* zurückführen. Ursprünglich konnte man nur Feldfrüchte bauen.

Wo guter Boden war, wo etwas schwellen konnte, wo Pflanzen zu wachsen und zu gedeihen vermochten, da war auch guter Boden für Menschen. Hier siedelten sie sich an, hier richteten sie ihren *Sitz* ein, hier ließen sie sich nieder und bauten *Häuser,* die gleich wichtig waren für Pflanze, Mensch und Kreatur. Es entstanden *Siedlungen,* aus ihnen Dörfer, Städte, Stadtlandschaften. Der Wunsch, zu bauen, schließt den Wunsch ein, *zu bleiben.*

Viele Menschen können nur dort wachsen, wo sie siedeln können. Das in sich ruhende Haus – oder die Wohnung – ist ein Standort, ein ruhender Pol, auf den man sich verlassen kann; etwas Zuverlässiges, aber schwer zu Bewegendes. Hier soll die Unruhe zur Ruhe kommen. »Und dieses nun, endlich und wirklich, das Haus. Nie vorher hatte ich ein Haus gesehen und betreten, das so wie dieses Symbol für alles war, was, seit es Häuser gibt, ein Haus für Menschen sein kann: Heimat und Fluchtpunkt und Herberge und Schutz und Zeichen von Selbstbehauptung« (Christa Wolf, *1929).

Im Haus, in der Wohnung sind wir daheim. Wir dürfen sein, wer wir sind. Hier lernen wir »haushalten«, befinden uns aber zugleich beständig in der Gefahr, »hausbacken» zu werden. Hier »hausen« unsere Wünsche, sofern wir sie nicht aufgegeben haben. Sie wachsen in uns. Wenn wir mit ihnen wachsen, werden wir eines Tages aufbrechen, den Standort, der immer unbeweglich zu machen droht, verlassen und weggehen in die Weite unserer Möglichkeiten, »Hausierern«

gleich, die erproben wollen, wo die besten Geschäfte zu machen wären, die das Leben für uns bereit hält.

Eine alte Tradition aufnehmend, erzählt die Bibel in ihrem ersten Kapitel vom Bau des Kosmos und der in ihm wohnenden Kreaturen. »Am Anfang schuf Gott Himmel und Erde«, übersetzt Martin Luther (1483–1546). Freilich beginnt der erste Satz des ersten Kapitels der Hebräischen Bibel nicht mit einem A *(Aleph),* sondern mit dem zweiten Buchstaben B *(Beth).* Die Schreiber des Ersten Testaments waren weise Leute; sie setzten ihre Buchstaben mit Bedacht und maßen einem jeden seine Bedeutung zu. Warum also beginnen sie dieses erste Buch und den Bau des Kosmos mit einem B?

Zunächst: Dieser Anfang ist eine Fortsetzung. Es gibt einen Anfang vor allem Anfang. Über ihn kann nichts gesagt werden. Das, was wir Leben nennen, den, den wir Gott nennen, liegt allem Anfang voraus und bleibt unserem Zugriff entzogen. In diesem Sinne nimmt der Mensch am Geheimnis Gottes teil. In diesem Sinne wohl auch können wir zu unseren Ursprüngen erst zurückkehren, wenn wir die uns zugemessene Wegstrecke unseres Lebens durchlaufen haben.

Dann: Das B *(Beth)* des hebräischen Alphabets ist gebaut wie ein Haus – anders als der Buchstabe A *(Aleph)*, den man spüren, aber nicht hören kann, ein Hauch, dessen Ton man nicht vernimmt. ב = Beth hat eine Bodenplatte als Fundament, eine stützende Rückwand und ein Dach. Nach vorne aber ist das Haus offen. Die Welt ist gebaut wie ein festes, aber zugleich offenes Haus: gastfreundlich, nicht abschließend. Gegründet auf der Mutter Erde, aufgerichtet zu Vater Himmel, dargeboten den gemeinsamen Geschwistern Sonne und Mond, wird es umspielt und umwachsen von Bruder Wolf und Schwester Katze, den brüderlichen Bäumen und den schwesterlichen Pflanzen. Beth hat im Hebräischen die Wortbedeutung Haus, wir finden es wieder im Ortsnamen Bethlehem, dem Haus des Brotes.

Wurzeln

Feng-shui bedeutet »Wind und Wasser«. Seit uralten Zeiten glauben die Chinesen, daß die Erde ein Spiegel des Himmels ist und daß beide lebende, empfindende Wesen sind, ständig von Energieströmen durchflutet – manche davon positiv, andere negativ –, vergleichbar den Informationen, die durch unser zentrales Nervensystem strömen.

Die positiven Ströme – jene, die guten *chih* oder »Lebensatem« transportieren – sind als »Drachen-Linien« bekannt. Man glaubt, daß sie der Strömung unterirdischen Wassers und der Richtung von Magnetfeldern unter der Erdoberfläche folgen.

Die Arbeit eines Geomanten besteht darin, mit Hilfe eines magnetischen Kompasses zu gewährleisten, daß ein Haus, ein Zimmer, eine Grabstätte oder ein Ehebett an die eine oder andere »Drachen-Linie« grenzt und damit vor gefährlichen Gegenströmungen geschützt ist. Ohne die Freigabe eines *feng-shui*-Experten wird selbst der »verwestlichste« chinesische Geschäftsmann leicht nervös – von seinem jungen Personal ganz zu schweigen.

Bei einem Lunch erzählte ich zufällig einem alten China-Kenner, einem Engländer, daß die Bank (von Shanghai und Hongkong) einen Geomanten zu Rate gezogen habe.

»Ja«, erwiderte er. »Das gehört zu den Dingen, an die *sie* glauben.«

Und doch kennen wir alle das Gefühl, daß manche Häuser »glücklich« sind und andere eine »unangenehme Atmosphäre« ausstrahlen. Nur die Chinesen haben triftige Gründe gefunden, warum das so sein könnte. Wer immer sich anmaßt, *feng-shui* als einen abergläubischen Anachronismus zu verspotten, sollte sich daran erinnern, wie wesentlich es zur Gestaltung der chinesischen Landschaft beigetragen hat, in der

Häuser, Tempel und Städte immer in harmonischem Einklang mit Bäumen, Bergen und Wasser standen.

Vielleicht kann man noch einen Schritt weiter gehen? Die *Verwurzelung* der chinesischen Zivilisation, das Gefühl der Chinesen, der Erde anzugehören, ihre Fähigkeit, in riesiger Zahl ohne Reibungen zusammenzuleben – vielleicht hat all das am Ende seinen Ursprung darin, daß sie den Prinzipien des *feng-shui* anhängen?

Bruce Chatwin (1940–1989)

Baumgebet

Laß meine füße
in die erde
wurzeln
und meine arme
in den himmel
wachsen

laß mein herz
in bunten blüten
träumen
und meine seele
knospen
treiben
laß jedes blatt
mich vor den mund
nehmen
und etwas schmecken
von dem
morgen

laß meine haut
zur rinde
heilen
und alte wunden
sanft
verharzen

laß neue äste
aus mir
sprossen
und meine
alten
sterben

laß meinen leib
zum stamm
gedeihen
und leben
aus ihm
sprießen

laß mich
in wildem garten
wachsen
und meine krone
nicht
beschneiden

Werner Kallen (*1956)

Wohnen

Worte zum Richtfest eines Hauses

Wenn man das Wort »Haus« ausspricht, klingen viele Bedeutungen auf. Eine jedoch überwiegt alle andern. Und diese eine ist auch die ursprüngliche: Geborgenheit. »Haus« steht sprachlich in enger Verwandtschaft zu »Haut« und »Hut». Jedes dieser Wörter meint das Behüten, das Beschützen, das Bergen. Wer in einem Hause wohnt, weiß sich geborgen vor mancherlei Unbilden der Welt. Der Regen weht gegen die Fensterscheiben, der Schnee rieselt aufs Dach, der Sturm heult um die Mauerecken, der Hagel rasselt im Schornstein, der Wetterschlag fährt an der Kupferleitung hinab. Es verhält sich nun einmal so, daß die Natur, zumal in unseren Breiten, dem Menschen nicht immer freundlich gesonnen ist. Die Tage und Nächte im Ablauf eines Jahres, an denen er allenfalls den Schutz des Hauses entbehren könnte, sind zählbar. Wo sollte er bleiben, wenn er kein Haus hätte in der Welt? Wie es denn hierzulande als ein besonders hartes Unglück gilt, kein Dach überm Kopf zu haben.

Aber das Haus schützt den Menschen auch vor seinesgleichen. Hin und wieder möchte jeder einmal für sich sein. Mag der Mensch im allgemeinen auch zum geselligen Wesen neigen, immer wieder überfällt ihn das Verlangen, einmal nicht gesehen und nicht angesprochen zu werden, einmal ungestört in seinen vier Wänden hausen zu können, einmal keine Haltung und keine Wachheit andern gegenüber beobachten zu müssen. Wer je in einem Lager gefangengehalten wurde, weiß, daß die übermächtige Sehnsucht nach dem Alleinsein seinen Geist zerrütten kann.

Es hat seine besondere Bewandtnis mit dem Planen eines Hausbaus. Wenn zwei Menschen, die einander zugetan sind, des Abends mit Bleistift und Papier beisammensitzen und kein

Ende des Entwerfens und Verwerfens, des Zeichnens und Messens, des Rechnens und Ratens finden, dann ist das Glück, das sie dabei fühlen, mehr, weit mehr als nur Vorfreude auf den künftigen Besitz. Sie wissen oder sie ahnen jedenfalls, daß es nicht nur darum geht, in der Welt ein Haus zu haben, sondern daß in diesem Haus auch eine Welt entstehen soll, ihre Welt. Die Geborgenheit, die das Haus gewährt, ist ja nicht Selbstzweck. In ihr soll sich Leben erst zu seinem ganzen Glanz und Reichtum entfalten. Hier mag es das schwierige und selige Reich der Musik, dort der Ernst und die Strenge der wissenschaftlichen Forschung sein; hier die von Jahr zu Jahr wachsende Bücherei, dort die allmählich sich rundende Versammlung von Kunstwerken; hier die Werkstatt, dort das Archiv, hier die Arbeit, dort das Behagen; hier das Verlangen in die Fernen der Erde, und dort die Freude an den Dingen der Nähe.

Wohl hat das Haus seine Wände, die den Überfall der feindlichen Natur abwehren, aber glücklicherweise hat es auch die Fenster, in deren Vierecken die schönen und atemraubenden Erscheinungen derselben Natur stehen, ein blühender Birnbaum, ein Flockenfall am sinkenden Wintertag, eine silbrig überregnete Wiese, ein Wolkengebirge, ein verblauender Bergzug am Horizont, eine nächtliche Straße, ein See mit wanderndem Wellengegleiß. Und der Mensch nimmt das Draußen je und dann ins Haus hinein, um sich daran zu erfreuen.

Und weiter hat das Haus die Tür oder gar die Türen, durch die zur erwünschten Stunde die guten Freunde und Nachbarn eintreten und ihr Wissen, Wollen und Werken mitbringen, das die Welt dieses Hauses bereichert und von der Welt dieses Hauses bereichert wird, wie es die echte Freundschaft mit sich bringt.

So gewährt das Haus denen, die unter seinem Dach wohnen, eine wunderbare Freiheit: gegen Sturmgedonner, Frost und Hagelgesause können sie sich verschließen, dem warmen Duftatem des Frühlings, dem Sonnenglanz, dem Morgenwind, dem Sterngeflimmer tun sie sich auf. Zwar verleiht es ihnen nicht die Herrschaft über die Natur, aber es setzt sie instand, sich den Gewalttätigkeiten zu entziehen und ungestört ihrem Dasein den gestalteten Sinn und die sinnvolle Gestalt zu geben. Zwar verleiht es ihnen keine Macht über die Menschen, aber es erlaubt ihnen, die einen, die ihnen nicht gemäß sind, von sich fernzuhalten, und die anderen, an deren Wort und Wesen ihnen gelegen ist, hereinzubitten. Erst in dieser Freiheit und durch diese Freiheit, die ohne das Haus nicht denkbar ist, erhebt sich der Mensch über die bloße Kreatürlichkeit. Als er das Haus in seiner Zweigesichtigkeit schuf, mit Wand und Tür, mit Dach und Fenster, vollendete er sein Menschentum.

Die Welt, um die das Haus abwehrend seine Wände stellt, über die es schützend sein Dach breitet, ist auch eine Welt der Seligkeit und des Geheimnisses. In ihr erscheinen die unsagbaren Stunden, in denen zwei Liebende am Fenster stehen, sich leise berühren und sich ansehen in Hilflosigkeit und Hingegebenheit. In ihr wird das Mysterium der Ehe gelebt, das mit der Liebe beginnt und von der Liebe lebt und die doch unendlich viel mehr ist als die Liebe. In ihr gibt es das Kämmerchen, in dem die Hände gefaltet werden und der Beter sich in Dankbarkeit oder Entsetzen vorbehaltlos einem großen Willen überantwortet. In ihr haben die Eltern untereinander und mit den Kindern jene Gespräche, sei es bei Tisch, sei es in der Abendstunde, die für das Dichten und Trachten der Heranwachsenden so bedeutungsvoll sind. In ihr seufzen Mann und Frau unter all den Unseligkeiten und Qualen, die ihre Geschöpflichkeit ihnen auferlegt, auch dann auferlegt, wenn sie besten Willens und voller Ehrfurcht voreinander sind. In ihr ereignen sich die Rätsel von Geburt und Tod, wenn die Menschenseele unwissend aus Schlaf und Traum zum schmerzensreichen Wachsein erweckt wird oder unwissend, wie am Anfang, in den Schlaf zurückkehrt, der bis zum Jüngsten Tag währt.

Manfred Hausmann (1898–1986)

Leben braucht Räume, um sich zu manifestieren … man kann aber auch sagen, Räume lassen Leben entstehen. Denken wir an einfache Beispiele: wir legen ein leeres Blatt Papier vor ein Kind hin und geben ihm Farbstifte – normalerweise wird es, ohne zu zögern, anfangen zu zeichnen. Oder geben wir dem Kind einen Sandkasten und Figuren oder Bastelmaterial – es wird schnell beginnen, im Sand zu spielen. Es gestaltet … bis der leere Raum gefüllt ist mit Leben … (die) Bilder sind da, sie wollen hinausfließen, sie brauchen nur einen Raum dazu …

In unseren äußeren Häusern und Städten fehlt uns oft der freie Raum, der das Leben einlädt, sich zu entfalten. Es gibt doch nichts Schlimmeres als eine Wohnung, in der kein Winkel zu finden ist, dessen Verwendung nicht schon vorbestimmt ist. Da gibt es keinen Platz zum Spielen (Spielen braucht Raum für Bewegung!), es gibt keinen Platz zum Phantasieren. Manchmal frage ich mich, ob die Menschen in solch engen Wohnungen überhaupt noch träumen? (47–50)

Wenn der Bauch der Mutter das erste Haus eines Menschen ist, dann ist das Elternhaus die erweiterte Körperlichkeit von Mutter *und* Vater, sozusagen ein Elternbauch! Dieser Elternbauch gibt Raum für die persönlichen Wesensanteile der Eltern, aber auch für grundlegende mütterliche und väterliche Prinzipien. Hier, in seinem Elternhaus, lernt das Kind (die mütterlichen Qualitäten), daß ein Haus, im guten Fall, wärmend, schützend, bergend ist, daß es hier Nahrung bekommt, in Sicherheit schlafen und träumen kann und vor allem, daß hier andere Menschen wohnen, die ihm Liebe und Wohlwollen entgegenbringen. Im schlechten Fall lernt das Kind, daß ein Haus abweisend, kalt, unstabil sein kann, und daß es sich dort einsam und ohne Liebe fühlt …

Im Elternhaus lernt ein Kind auch dessen väterliche Qualitäten, seine Konstruktions- und Ordnungsprinzipien … Es lernt auch, sich einerseits ins Kollektiv der Familie einzuordnen, andererseits aber sich als Individuum davon abzugrenzen. (55, 56)

Ruth Ammann (*1934), Architektin, Psychotherapeutin

Hinter einem Gartenzaun liegt ein alter verwahrloster Garten. In dem Garten steht ein altes Haus, und in dem Haus wohnt Pippi Langstrumpf.« Pippi Langstrumpf ist die vielgeliebte Bücherheldin vieler Kinder. Warum sollten Kinder das, was sie an der papierenen Pippi Langstrumpf lieben, nicht auch in Wirklichkeit lieben? Elisabeth und Bernd aus Düsseldorf hielten Umschau nach Baupartnern für sich und ihre sechs Kinder. So entstand eine Siedlung aus sechs Häusern mit Dächern aus Gras, rosaroten Gartenmöbeln, Ställen für Tiere und Gärten, um die – gemäß gemeinsam zwischen Kindern und Erwachsenen ausgehandelter Hausordnung – keine Zäune gezogen werden dürfen und in denen es ausdrücklich erlaubt ist »Lärm zu machen«. Die Eltern dieser Siedlung gehören der bundesweiten Initiative »Wohnen mit Kindern« an: Salierstr. 8, D-40545 Düsseldorf.

Nach einem Bericht in Publik Forum 21 vom 6. 11. 1992

Selbst Hausbesitzer könnnen sich heute den Luxus eines »Fremdenzimmers» kaum noch leisten. Also wandern nicht nur die Gäste, sondern auch die Feste zunehmend aus den Familien ins Gasthaus. Das entlastet zwar die Hausfrauen, aber hat auch zur Folge, daß sich die Kinder die Maßstäbe für Gastfreundschaft nicht mehr an ihren Eltern abschauen, sondern am Oberkellner. Entsprechend verwechseln sie Gastfreundschaft mit »Service«. Wer zu Besuch kommt, erwartet, daß für ihn ein Programm gemacht wird, und wer Besuch empfängt, zerbricht sich vorher den Kopf ...

... Wo ohnehin mehrere »Programme» gleichzeitig laufen, kann der Gast sich dem anschließen, was ihm gerade Spaß macht ... Das ist im subtilen Räderwerk einer Kleinfamilie nicht mehr möglich. Unangemeldete Gäste sind eine mittlere Katastrophe: Termine müssen umgestellt werden, mühsam ausgesparte Erholungsräume belegt werden, der psychische Haushalt meldet Streßalarm. – Dabei könnte die Gastfreundschaft zu einer fundamentalen Tugend unseres Zeitalters werden: Gastlichkeit nicht nur unter Freunden, sondern auch gegenüber Fremden. Denn wir leben in einer Welt der Fremden. Wieviele Menschen sind unterwegs – geschäftlich oder im Rahmen ihrer Ausbildung; als Touristen, Soldaten, Gastarbeiter, Flüchtlinge und Auswanderer; abgeschnitten von ihrer Heimat, ihrem kulturellen und sozialen Hinterland, von ihren Familien und Freunden und damit auch von ihrer eigenen Lebensgeschichte ...

Gastfreundschaft zu üben, ist verheißungsvoll, aber auch riskant. Weil das immer schon so war, haben die Menschen Regeln entwickelt, die die Risiken einer offenen Begegnung zu begrenzen helfen und darum auch uns ermutigen könnten, die Gastfreundschaft neu zu wagen:

Erste Regel: Gastfreundschaft ist zeitlich befristet ...

Zweite Regel: Gastfreundschaft besteht im Geben und Nehmen ...

Dritte Regel: Das Beste, was ich als Gastgeber zu bieten habe, ist nicht Service, sondern ein Freiraum für meinen Gast ...

Vierte Regel: Das Wichtigste, was ich als Gast beisteuern kann, sind nicht Geschenke oder Gefühle der Bewunderung und der Dankbarkeit, sondern ein Stück Frieden ...

Die Optik mancher Eltern könnte sich entzerren, wenn sie sich bewußt machten, daß ihre Kinder nicht ihr Eigentum, sondern die wichtigsten Gäste sind, die ihr Haus betreten, achtsame Aufmerksamkeit erfordern, eine Weile bleiben und dann wieder das Haus verlassen, um ihre Wege zu gehen.

Rolf Zerfaß (*1934)

Aufbrechen

Wenn ein Haus so baufällig ist, daß es nicht mehr ausgebessert werden kann, so tut man gewiß gut daran, es abzureißen und ein neues zu bauen. Aber kluge Leute behelfen sich noch mit dem alten Haus, führen vielleicht auch noch einige ganz dringende Reparaturen durch, konzentrieren sich im übrigen aber ganz auf den Neubau, bis dieser fertig ist und sie dort einziehen können. – Wir sind heute soweit, daß wir alle irgendwie fühlen: So geht es auf die Dauer nicht weiter. Das Alte muß verschwinden, und ein Neues muß kommen. Es zieht ein neues Zeitalter herauf, das so fundamental verschieden ist von allem Bisherigen, daß es mit Reparaturen des Alten nicht getan ist. Entweder bejahen wir diese Wirklichkeit und handeln entsprechend, oder wir setzen uns der Gefahr aus, daß wir eines Tages unter den Trümmern des alten Hauses begraben werden. Dieser Tatsache sollten wir klar in die Augen sehen.

Manche Menschen wollen das nicht wahrhaben, weil sie sich fürchten. Andere wollen das alte Haus abreißen, ohne zu wissen, wo und wie sie ihr neues Haus bauen können und sollen. Wir leben in einer Zeit des Übergangs und müssen behutsam vorgehen: denn die echten Werte, die im alten Haus waren, sollten im neuen integriert erhalten bleiben. Der Mensch der Zukunft wird sich vielleicht kaum an das erinnern, was gewesen ist. Er wird sich kaum vorstellen können, wie man mit einer so primitiven Denkweise zufrieden sein konnte, auf deren Errungenschaften wir heute so stolz sind.

Für das richtige Verhalten in der Übergangszeit, in der wir jetzt leben, ist noch eines von großer Bedeutung, nämlich, daß wir wenigstens einigermaßen wissen, wo es hingeht, wenn auch das letzte Ziel noch fern ist oder zu sein scheint.

Hugo M. Enomiya-Lasalle (*1897)

Die Erde ist rund

Ein Mann, der weiter nichts zu tun hatte, nicht mehr verheiratet war, keine Kinder mehr hatte und keine Arbeit mehr, verbrachte seine Zeit damit, daß er sich alles, was er wußte, noch einmal überlegte.

Er gab sich nicht damit zufrieden, daß er einen Namen hatte, er wollte auch genau wissen, warum und woher. Er blätterte also tagelang in alten Büchern, bis er darin seinen Namen fand.

Dann stellte er zusammen, was er alles wußte, und er wußte dasselbe wie wir.

Er wußte, daß man die Zähne putzen muß.

Er wußte, daß Stiere auf rote Tücher losrennen und daß es in Spanien Toreros gibt.

Er wußte, daß der Mond um die Erde kreist und daß der Mond kein Gesicht hat, daß das nicht Augen und Nasen sind, sondern Krater und Berge.

Er wußte, daß es Blas-, Streich- und Schlaginstrumente gibt.

Er wußte, daß man Briefe frankieren muß, daß man rechts fahren muß, daß man die Fußgängerstreifen benützen muß, daß man Tiere nicht quälen darf. Er wußte, daß man sich zur Begrüßung die Hand gibt, daß man den Hut bei der Begrüßung vom Kopf nimmt.

Er wußte, daß sein Hut aus Haarfilz ist und daß die Haare von Kamelen stammen, daß es einhöckrige und zweihöckrige gibt, daß man die einhöckrigen Dromedare nennt, daß es Kamele in der Sahara gibt und in der Sahara Sand.

Das wußte er.

Er hatte es gelesen, es wurde ihm erzählt, er hatte es im Kino gesehen. Er wußte: In der Sahara gibt es Sand. Er war zwar noch nie da, aber er hatte gelesen darüber, und er wußte auch, daß Kolumbus Amerika entdeckt hat, weil er daran glaubte, daß die Erde rund ist.

Die Erde ist rund, das wußte er.

Seit man das weiß, ist sie eine Kugel, und wenn man immer geradeaus geht, kommt man wieder zurück an den Ort, von dem man ausgegangen ist.

Nur sieht man nicht, daß sie rund ist, und deshalb wollten die Leute das lange nicht glauben, denn wenn man sie anschaut, ist sie gerade, oder sie geht hinauf oder hinunter, sie ist mit Bäumen bepflanzt und mit Häusern bebaut, und nirgends biegt sie sich zu einer Kugel; dort, wo sie es tun könnte, auf dem Meer, dort hört das Meer einfach auf, endet in einem Strich, und man sieht nicht, wie sich das Meer und wie sich die Erde biegt.

Es sieht so aus, als würde die Sonne am Morgen aus dem Meer steigen und abends zurücksinken ins Meer.

Doch wir wissen, daß es nicht so ist, denn die Sonne bleibt an ihrem Ort, und nur die Erde dreht sich, die runde Erde, jeden Tag einmal.

Das wissen wir alle, und der Mann wußte das auch.

Er wußte, wenn man immer geradeaus geht, kommt man nach Tagen, Wochen, Monaten und Jahren an denselben Ort zurück; wenn er jetzt von seinem Tisch aufstände und wegginge, käme er, später, von der anderen Seite wieder zu seinem Tisch zurück.

Das ist so, und man weiß es.

»Ich weiß«, sagte der Mann, »wenn ich immer geradeaus gehe, komme ich an diesen Tisch zurück.«

»Das weiß ich«, sagte er, »aber das glaube ich nicht, und deshalb muß ich es ausprobieren.«

»Ich werde geradeaus gehen«, rief der Mann, der weiter nichts zu tun hatte, denn wer nichts zu tun hat, kann geradesogut geradeaus gehen.

Nun sind aber die einfachsten Dinge die schwersten. Vielleicht wußte das der Mann, aber er ließ sich nichts anmerken und kaufte sich einen Globus. Darauf zog er einen Strich von hier aus rund herum und zurück nach hier.

Dann stand er vom Tisch auf, ging vor sein Haus, schaute in die Richtung, in die er gehen wollte, und sah da ein anderes Haus.

Sein Weg führte genau über dieses Haus, und er durfte nicht um es herum gehen, weil er dabei die Richtung hätte verlieren können. Deshalb konnte die Reise noch nicht beginnen.

Er ging zurück an seinen Tisch, nahm ein Blatt Papier und schrieb darauf: »Ich brauche eine große Leiter.« Dann dachte er daran, daß hinter dem Haus der Wald beginnt, und einige Bäume standen mitten auf seinem geraden Weg, die mußte er überklettern, deshalb schrieb er auf sein Blatt: »Ich brauche ein Seil, ich brauche Klettereisen für die Füße.«

Beim Klettern kann man sich verletzen.

»Ich brauche eine Taschenapotheke«, schrieb der Mann. »Ich brauche einen Regenschutz, Bergschuhe und Wanderschuhe, Stiefel und Winterkleider und Sommerkleider. Ich brauche einen Wagen für die Leiter, das Seil und die Eisen, für Taschenapotheke, Bergschuhe, Wanderschuhe, Winterkleider, Sommerkleider.«

Jetzt hatte er eigentlich alles; aber hinter dem Wald war der Fluß, darüber führte zwar eine Brücke, aber sie lag nicht auf seinem Weg.

»Ich brauche ein Schiff«, schrieb er, »und ich brauche einen Wagen für das Schiff und ein zweites Schiff für die beiden Wagen und einen dritten Wagen für das zweite Schiff.«

Da der Mann aber nur einen Wagen ziehen konnte, brauchte er noch zwei Männer, die den andern Wagen ziehen, und die zwei Männer brauchten auch Schuhe und Kleider und einen Wagen dafür und jemanden, der den Wagen zieht. Und die Wagen mußten alle vorerst einmal über das Haus; dazu braucht man einen Kran und einen Mann, der den Kran führt, und ein Schiff für den Kran und einen Wagen für das Schiff und einen Mann, der den Wagen für das Schiff für den Kran zieht, und dieser Mann brauchte einen Wagen für seine Kleider und jemanden, der diesen Wagen zieht.

»Jetzt haben wir endlich alles«, sagte der Mann, »jetzt kann die Reise losgehen«, und er freute sich, weil er jetzt gar keine

Leiter brauchte und auch kein Seil und keine Klettereisen, weil er ja einen Kran hatte.

Er brauchte viel weniger Dinge: Nur eine Taschenapotheke, einen Regenschutz, Bergschuhe, Wanderschuhe, Stiefel und Kleider, einen Wagen, ein Schiff, einen Wagen für das Schiff und ein Schiff für die Wagen und einen Wagen für das Schiff mit den Wagen. Zwei Männer und einen Wagen für die Kleider der Männer und einen Mann, der den Wagen zieht, einen Kran und einen Mann für den Kran und ein Schiff für den Kran und einen Wagen für das Schiff und einen Mann, der den Wagen für das Schiff mit dem Kran zieht, und einen Wagen für seine Kleider und einen Mann, der den Wagen zieht, und der kann seine Kleider auch auf diesen Wagen tun und die Kleider des Kranführers auch; denn der Mann wollte möglichst wenige Wagen mitnehmen.

Jetzt brauchte er nur noch einen Kran, mit dem er den Kran über die Häuser ziehen konnte, einen größeren Kran also, dazu Kranführer und ein Kranschiff und einen Kranschiffwagen, einen Kranschiffwagenzieher, einen Kranschiffwagenzieherkleiderwagen und einen Kranschiffwagenzieherkleiderwagenzieher, der dann auch seine Kleider und die Kleider des Kranführers auf den Wagen laden konnte, damit es nicht zu viele Wagen braucht.

Er brauchte also nur zwei Kräne, acht Wagen, vier Schiffe und neun Männer. Auf das erste Schiff kommt der kleine Kran. Auf das zweite Schiff kommt der große Kran, auf das dritte Schiff kommen der erste und der zweite Wagen, auf das vierte Schiff kommen der dritte und der vierte Wagen. Er brauchte also noch ein Schiff für den fünften und sechsten Wagen und ein Schiff für den siebten und achten Wagen.

Und zwei Wagen für diese Schiffe.

Und ein Schiff für diese Wagen.

Und einen Wagen für dieses Schiff.

Und drei Wagenzieher.

Und einen Wagen für die Kleider der Wagenzieher.

Und einen Wagenzieher für den Kleiderwagen.

Und den Kleiderwagen kann man dann auf ein Schiff laden, auf dem erst ein Wagen steht.

Daß er für den zweiten großen Kran einen dritten noch größeren braucht und für den dritten einen vierten, einen fünften, einen sechsten, daran dachte der Mann gar nicht.

Aber er dachte daran, daß nach dem Fluß die Berge kommen und daß man die Wagen nicht über die Berge bringt und die Schiffe schon gar nicht.

Die Schiffe müssen aber über die Berge, weil nach dem Berg ein See kommt, und er brauchte Männer, die die Schiffe tragen, und Schiffe, die die Männer über den See bringen, und Männer, die diese Schiffe tragen, und Wagen für die Kleider der Männer und Schiffe für die Wagen der Kleider der Männer.

Und er brauchte jetzt ein zweites Blatt Papier.

Darauf schrieb er Zahlen.

Eine Taschenapotheke kostet 7 Franken 20 Rappen, ein Regenschutz 52 Franken, Bergschuhe 74 Franken, Wanderschuhe kosten 43 Franken, Stiefel kosten etwas und Kleider kosten.

Ein Wagen kostet mehr als all das zusammen, und ein Schiff kostet viel, und ein Kran kostet mehr als ein Haus, und das Schiff für den Kran muß ein großes Schiff sein, und große Schiffe kosten mehr als kleine, und ein Wagen für ein großes Schiff muß ein riesengroßer Wagen sein, und riesengroße Wagen sind sehr teuer. Und Männer wollen verdienen bei ihrer Arbeit, und man muß sie suchen, und sie sind schwer zu finden.

Das alles machte den Mann sehr traurig, denn er war inzwischen 80 Jahre alt geworden, und er mußte sich beeilen, wenn er noch vor seinem Tod zurück sein wollte.

So kaufte er sich dann doch nichts anderes als eine große Leiter, er lud sie auf die Schulter und ging langsam weg. Er ging auf das andere Haus zu, stellte die Leiter an, prüfte, ob sie auch richtig Halt habe und stieg dann langsam die Leiter hoch. Da erst ahnte ich, daß es ihm ernst war mit seiner Reise, und ich rief nach ihm: »Halt, kommen Sie zurück, das hat keinen Sinn.«

Aber er hörte mich nicht mehr. Er war bereits auf dem Dach und zog die Leiter hoch, schleppte sie mühsam zum Dachgiebel, ließ sie auf der anderen Seite hinunter. Er schaute nicht einmal mehr zurück, als er über den Giebel des Daches stieg und verschwand.

Ich habe ihn nie mehr gesehen. Das geschah vor zehn Jahren, und damals war er achtzig.

Er müßte jetzt neunzig sein. Vielleicht hat er es eingesehen und seine Reise aufgegeben, noch bevor er in China war. Vielleicht ist er tot.

Aber hie und da gehe ich vor das Haus und schaue nach Westen, und ich würde mich doch freuen, wenn er eines Tages aus dem Wald träte, müde und langsam, aber lächelnd, wenn er auf mich zukäme und sagte: »Jetzt glaube ich es, die Erde ist rund.«

Peter Bichsel (*1935)

Wenn Wünsche wachsen dürfen

Das Wort wünschen hat einen sprachlichen Bezug zu den Wörten *wohnen, Wonne* und *gewinnen.* Dorothee Sölle (* 1929) hat diese Nähe der Wörter schön zusammengespannt in einem Gedicht. Es spricht von Wünschen, die wie Spatzen seien, unübersehbar, allgegenwärtig, manchmal ärgerlich:

Wie spatzen sind meine wünsche
freche unmusikalische vögel
oft habe ich sie weggescheucht
auch den einen oder anderen zu boden getroffen
mit meiner analytischen schleuder
und mir einfach vorgenommen
ohne spatzen zu leben
in einem wohnschacht zum beispiel
hell erleuchtet gar nicht besonders schmutzig
hübsche sachen zum aussuchen und einwickeln
finde ich dort die trag ich
von einem ende der u-bahnstation
zum andern
warum nicht gleichmäßig mein leben zubringen
ohne die störenfriede
arglos kommen sie wieder
suchen mich auf und besetzen das land
wie oft habe ich sie weggescheucht
freche unmusikalische vögel
wie spatzen ihr meine wünsche

(spiel doch von brot und rosen. gedichte. wolfgang fietkau verlag, berlin 1981, 16)

Das Gedicht ist in der Großstadt angesiedelt, der »wohnschacht«, die »u-bahnsteige deuten es an. Die Stadt ist ein Ort, an dem Bedürfnisse geweckt werden, »hübsche sachen zum aussuchen und einwickeln«. Bedürfnisweckung ist nicht das gleiche wie Wünsche, die wir in uns wachsen lassen. Bedürfnisse, die von außen geweckt werden, bewahren uns nicht vor Anpassung, nicht davor, »gleichmäßig mein leben« zuzubringen »ohne die störenfriede«.

Wie ist es mit unseren Wünschen? Haben wir uns »vorgenommen/ohne spatzen zu leben«? Sind unsere Wünsche verstorben? Manche Wünsche, sagt die Autorin, lassen sich nicht »wegscheuchen«. Sie »besetzen« uns. Sie nisten sich ein wie »Störenfriede«. Besetzer sind solche Störenfriede. In der Regel möchte man sie so schnell wie möglich wieder los sein. Gleichwohl geschieht es – so paradox es klingt –, daß sich Besetzer zu Wohltätern entwickeln, daß in der unfreien Situation mehr Oasen der Freiheit zu finden sind als in der vormaligen Freiheit. Die Lebensmöglichkeiten verbessern sich, unser Leben gewinnt an ihnen, es wird uns, wie es die Wortbedeutung wünschen nahelegt, zur *Wonne.*

Dorothee Sölle hat dieses Gedicht 1981 veröffentlicht, eine Liebeserkärung an den schier unverwüstlichen Spatz, auch ein Hinweis darauf, wie unumgänglich Wünsche sind, wenn Verhältnisse sich ändern sollen. Die Dichterin ahnte damals wohl kaum, daß 1993 der Senat der Stadt Hamburg die Einwohner auffordern würde zum Schutz dieser Vogelart. Spatzen gehören inzwischen zu den aussterbenden Vögeln in der Hansestadt – ein Verlust von einem Stück Himmel, vergleichbar dem Aussterben der Wünsche unter den Menschen.

Das Gedicht spricht etwas an, was vielen Menschen vertraut ist: daß wir in Gegensätzen, in Polaritäten leben. Einerseits das gleichmäßige Zubringen des Lebens, andererseits die störenden Wünsche, einerseits Wärme, andererseits Kälte, hier Glück, da Leid, hier Ordnung, dort Chaos, hier Leben, dort Tod. Wir möchten wohl ruhiger leben und würden uns zuweilen etwas weniger polare Spannung wünschen. »Ich bemerke, wenn ich lange genug dem Wesen solcher Polarität nachdenke, daß ich damit etwas suche, was das Leben für mich und andere Geschöpfe nicht hat. Ich bemerke, wer Leid zu vermeiden sucht, auch das Glück nicht findet, wer nur seinem Verstand nachgeht, im heimlichen Streit lebt mit all den unbewußten Kräften, die auch in ihm sind … Das wird immer so sein, denn jeder Pol lebt aus dem anderen und hat aus ihm seine Schönheit und Kraft … Nirgends gibt es den goldenen Mittelweg« (Jörg Zink (*1923), Sieh nach den Sternen – gib acht auf die Gassen. Erfahrungen, Kreuz-Verlag, Stuttgart 1992). Es käme darauf an, meint der Autor, daß sich die Gegensätze durchdringen, um neuem Leben Raum zu geben.

In einer Auslegung des Märchens »Von dem Fischer un syner Fru« schreibt Verena Kast (*1943): »In Wünschen erträumen wir uns eine Zukunft, die zutiefst mit unserem Leben verbunden ist; und das ist wichtig, denn manche Wünsche kommen uns ja nicht in den Sinn, auch wenn wir sie nicht abwehren. Im Wünschen erschaffen wir uns eine Hoffnung und erhalten sie uns; im Wünschen drückt sich aus, daß wir an die Veränderbarkeit von Situationen glauben: denn wenn wir keine Wünsche haben; dann haben wir resigniert, sitzen wir fest. Das Wünschen ist wohl ein Ausdruck des Kindes in jedem Menschen, und es gehört dann zum Erwachsenen in uns, diesen Wünschen, nachdem sie einmal wahrgenommen sind, auch kritisch gegenüberzustehen, das Mögliche vom Unmöglichen zu unterscheiden, gegeneinanderzusetzen und dadurch unsere Möglichkeiten auszuweiten.«

Die im folgenden versammelten Texte widmen sich dem partnerschaftlichen Umgang. Wünsche haben eine Nähe zu Träumen; dies, könnte man mir entgegenhalten, sei kein Land und keine Zeit für Träumer. Die Realisten unter den Lesern mögen es mit Hans Carossa (1878–1956) halten: »Das ist ja, was ich will: daß man meine Träume für simple Berichte hält« (Aus tiefem Abend glänzt ein heller Stern. Tagebücher 1925–1935. Insel Verlag, Frankfurt 1993).

Suchen

Paris, 1. Mai 1977

Sich an den Händen fassen
die Augen zumachen
und losrennen
daran
daß euch dieser wunsch überfällt
erkennt ihr
die ankunft der liebe

dann
dürft ihr nicht zögern

faßt euch an den händen
macht die augen zu
und rennt los

Alfred Andersch (1914–1980)

Wenn man jemanden liebt,
so liebt man ihn nicht die ganze Zeit,
nicht Stunde um Stunde auf die ganz gleiche Weise.
Und doch ist es genau das, was die meisten von uns fordern.
Wir haben so wenig Vertrauen in die Gezeiten des Lebens,
der Liebe, der Beziehungen. Wir jubeln
der steigenden Flut entgegen und wehren uns
erschrocken gegen die Ebbe. Wir haben Angst, sie würde
nie zurückkehren. Wir verlangen Beständigkeit, Haltbarkeit
und Fortdauer; und die einzig mögliche Fortdauer des Lebens
wie der Liebe liegt im Wachstum, im täglichen Auf und Ab –
in der Freiheit; einer Freiheit im Sinne von Tänzern,

die sich kaum berühren und doch Partner in der gleichen Bewegung sind.

Anne Morrow-Lindberg (*1906)

Der Morgen genügt

Dein Lächeln hält
zwischen den Lippen
die Ahnung vom siebten Glück
wie eine Knospe voll Tau.

Laß nicht die Glut des Mittags
die Perlen verdampfen.

Der Morgen genügt.

Olly Komenda-Soentgerath (*1923)

Auch in diesem Winter verbrachte ich die langen Schneemonate in der gleichen Hütte. Aber selbst die allerschneidendste Kälte erschien mir erträglich, sobald ich daran dachte, daß dies alles nur um ihretwillen geschah, nach der ich mich so maßlos sehnte.

Große Sorge bereitete mir nach wie vor nur der entsetzliche Gedanke, sie könnte vielleicht bald sterben.

Wir alle kennen das Wort von der »leidenschaftlichen Liebe«, aber nun war mir, als hätte ich bisher nichts davon begriffen. Wir lernen als Menschen dieser Welt eine Reihe leerer, inhaltsloser Worte über die Liebe. Aber in Wahrheit wissen wir nichts darüber. Wir beide liebten uns. Doch wir hatten uns noch nie bis zur Ermattung unserer Körper umarmt. und gekost. Nun plötzlich fiel mir ein, daß uns dieses Los wohl nur deshalb getroffen hatte, weil sie sieben Jahre älter war als ich.

»Ach, wenn wir uns doch schon früher begegnet wären!« hatte sie oft gesagt und damit gemeint, wie schön und einfach alles sein könnte, wenn sie nach mir zur Welt gekommen wäre.

Aber wenn ich mir dann überlegte, daß die Einsamkeit das allen Menschen zugemessene Schicksal war, empfand ich es als ein ungeheures Glück für mich, daß wir uns kenngelernt hatten und uns liebten.

Vielen, ja, den meisten, wird in ihrem ganzen Leben nie solches Glück zuteil. Und so betrachtet, schien mir mein Los gar nicht so jammervoll zu sein.

Im Frühjahr des darauffolgenden Jahres stieg ich von den Bergen herunter. Die Welt mit ihrem lärmenden Getriebe war meinem Herzen plötzlich wieder nahe, und ich wollte dort auf sie warten. Ich hatte nun aber meine ganzen Geldmittel schon verbraucht, so wollte ich das zum Leben Nötige durch Fechtunterricht verdienen.

Inzwischen rückte auch das Ende des fünften Jahres näher, der herrliche Zeitpunkt, zu dem ich sie, wie sie mir versprochen hatte, wieder besuchen durfte. Ich wußte nicht, wie mein weiteres Leben dadurch verändert würde, aber ich brachte Tag für Tag nur mit dem Gedanken an dieses Wiedersehen zu.

Yoichi Nakagawa

Mehr lehrt kein Liebender
die Geliebte,
als dies: das das Leben zu zweit
möglich ist.

Catarina Carstens

Erkennen

Dich

Dich
dich sein lassen
ganz dich

Sehen
daß du nur du bist
wenn du alles bist
was du bist
das Zarte
und das Wilde
das was sich losreißen
und das was sich anschmiegen will
Wer nur die Hälfte liebt
der liebt dich nicht halb
sondern gar nicht
der will dich zurechtschneiden
amputieren
verstümmeln

Dich dich sein lassen
ob das schwer oder leicht ist?
Es kommt nicht darauf an mit wieviel
Vorbedacht und Verstand
sondern mit wieviel Liebe und mit wieviel
offener Sehnsucht nach allem –
nach allem was *du* ist

Nach der Wärme
und nach der Kälte

nach der Güte
und nach dem Starrsinn
nach deinem Willen
und Unwillen
nach jeder deiner Gebärden
nach deiner Ungebärdigkeit
Unstetigkeit
Stetigkeit

Dann
ist dieses
dich dich sein lassen
vielleicht
gar nicht so schwer

Erich Fried (1921–1988)

Wer kennt wen?

Herr Keuner befragte zwei Frauen über ihren Mann. Die eine gab folgende Auskunft:

»Ich habe zwanzig Jahre mit ihm gelebt. Wir schliefen in einem Zimmer und in einem Bett. Wir aßen die Mahlzeiten zusammen. Er erzählte mir alle seine Geschäfte. Ich lernte seine Eltern kennen und verkehrte mit allen seinen Freunden. Ich wußte alle seine Krankheiten, die er selbst wußte, und einige mehr. Von allen, die ihn kennen, kenne ich ihn am besten.«

»Kennst du ihn also?« fragte Herr Keuner.

»Ich kenne ihn.«

Herr Keuner fragte noch eine andere Frau nach ihrem Mann. Die gab folgende Auskunft:

»Er kam oft längere Zeit nicht, und ich wußte nie, ob er wiederkommen würde. Seit einem Jahr ist er nicht mehr gekommen. Ich weiß nicht, ob er wiederkommen wird. Ich weiß nicht, ob er aus den guten Häusern kommt oder aus den Hafengassen. Es ist ein gutes Haus, in dem ich wohne. Ob er zu mir auch in ein schlechtes käme, wer weiß es? Er erzählt mir nichts, er spricht mit mir nur von *meinen* Angelegenheiten. Diese kennt er genau. Ich weiß, was er sagt, weiß ich es? Wenn er kommt, hat er manchmal Hunger, manchmal aber ist er satt. Aber er ißt nicht immer, wenn er Hunger hat, und wenn er satt ist, lehnt er eine Mahlzeit nicht ab. Einmal kam er mit einer Wunde. Ich verband sie ihm. Einmal wurde er hereingetragen. Einmal jagte er alle Leute aus meinem Haus. Wenn ich ihn ›dunkler Herr‹ nenne, lacht er und sagt: Was weg ist, ist dunkel, was aber da ist, ist hell. Manchmal aber wird er finster über diese Anrede. Ich weiß nicht, ob ich ihn liebe. Ich …«

»Sprich nicht weiter«, sagte Herr Keuner hastig. »Ich sehe, du kennst ihn. Mehr kennt kein Mensch einen andern als du ihn.«

Bertolt Brecht (1898–1956)

Jetzt wo ich die Teekanne
– wie oft gebraucht,
dann zur Seite gestellt –
wieder aus dem Schrank nehme,
sehe ich sie plötzlich
– verbunden mit unseren Jahren –
mit Zärtlichkeit,
sehe ich den von Schneeflocken
punktierten Tag,
an dem du sie gebracht
und auf den Tisch gestellt hast.

Walter Helmut Fritz (*1929)

Müde werden.
Die Last auf den Schultern
härter spüren. Wissen,
daß der Weg endlos ist.

Erkennen, daß nichts
dauert. Nicht warten mehr
auf das Wunder. Versunkene Schiffe
am Meeresgrund sehen. Ja sagen
zum Fallen des Laubs.

Wenig mehr verändern wollen.
Still werden. Sehnsucht empfinden
nach dem Vergessensein.
Dennoch
nicht schweigen, wo Unrecht ist.

Hanns Otto Münsterer (1900–1974)

Es ist morgens, der 16. November, und ich schreibe weiter. Der Bote hat keinen Brief gebracht. Ich weiß nun wohl, daß es dir mindestens nicht schlechter geht; aber weit lieber wäre es mir gewesen, wenn ein Zettel gekommen wäre des Inhalts: der gnädigen Frau geht es wieder besser. So hängt mit allen Fäden mein Herz an Dir, daß jedes Ding, welches Dich angenehm oder unangenehm berührt, an diesen Fäden zu mir fortläuft, und die gleichen Empfindungen in mir erregt … Und wenn mich heute Gott zu sich abruft, so sage ich: Herr, ich danke dir, du hast mir ein großes Glück auf dieser Erde gewährt. Freilich, wenn Gott ganz besonders gütig gegen uns sein wollte, so ließe er uns noch eine Zeit, in der nicht so viele Sorgen wären, beisammen: durch das vergangene Ungemach sind wir nur noch näher aneinander gebunden, und das zukünftige Glück wäre noch größer als das vergangene. Merkwürdig ist es, daß Alter und Jahre hier keinen Abbruch tun, überhaupt keinen anderen, als einen guten Einfluß haben.

Ich liebe dich jetzt weit, weit mehr, als da du ein einundzwanzigjähriges, blühendes, unbeschreiblich schönes Mädchen warst, und du liebst mich alten Mann mit allen seinen Wunderlichkeiten und Grillen mehr als den jungen, kräftigen, gleichsam Himmel und Erde stürmenden …

Brief Adalbert Stifters (1805–1868) an seine Frau, 1866

Nicht müde werden
sondern dem Wunder
leise
wie einem Vogel
die Hand hinhalten.

Hilde Domin (*1912)

Auf einem Gartenstuhl

Du streckst die Beine aus und bist so gelassen wie
Die alten Bäume, deren Schatten uns beide trifft.
Du sprichst von dir und das ist genug.
Was ist das gegen meine Bibliotheken
Was gegen die Geräusche, die das Haus macht nachts
Wenn unsere Köpfe anschwellen
Was gegen die Leute in meinem Zimmer, die immer nur
Die Philosophen wechseln. In deinem
Altgewordenen Gesicht ist plötzlich
Eine unbeschreibbare Farbe. So
Als wolltest du mir zeigen wer du
Bist. Jetzt. Auf diesem
Gartenstuhl.

Rolf Haufs (*1935)

Loslassen

Den Aufschwung loslassen, bereit werden zum Abschied,
zum Nicht-Mehr-Können, zur Dunkelheit,
Wandlung geschehen lassen.
Der Novembertag hat zu mir gesprochen.
Mir wird seine verborgene Schönheit offenbar,
wie ich sie noch nie erlebte.
Ein Wort, am Morgen gehört, steigt in mir auf:
»Nur was ich annehme, kann ich verwandeln.«

Carl Gustav Jung (1875–1961)

Weißt du die Wiese noch?
und im Geblüh
der Lerchen Schlag?

Den alten Waldweg noch?
So hell wie nie
schien uns der Tag.

Da warst du mir die Welt.
Und nichts sonst war,
als deiner Augen Zelt,
dein Mund und Haar.

Johannes Bobrowski (1917–1965)

Kim Malthe-Brunn, ein junger dänischer Seemann, wurde am Sonntag, dem 8. April 1945, von einem Exekutionskommando der Nazis erschossen. Wenige Monate nach seiner Verhaftung im Dezember 1944 schrieb er den folgenden Brief an seine Braut, der für Sie zu einer Art Wegweiser des Überlebens wurde. Der Brief ist vom 4. April 1945. Kim war 21 Jahre alt.

Mein kleiner Liebling, heute war mein Prozeß, und ich wurde zum Tode verurteilt. Was für eine schreckliche Nachricht für ein kleines Mädchen von zwanzig Jahren! Man hat mir erlaubt, diesen Abschiedsbrief zu schreiben. Aber was soll ich jetzt schreiben? Wie soll mein Schwanengesang ihrer Meinung nach wohl klingen?

Wir sind auf stürmischer See gefahren, wir haben einander vertraut wie spielende Kinder, und wir haben uns geliebt. Wir lieben uns noch immer, und wir werden uns immer lieben. Aber eines Tages trieb uns ein Sturm auseinander: ich stieß auf ein Riff und ging unter, doch Du wurdest an eine fremde Küste gespült. Du wirst in einer neuen Welt weiterleben. Ich bitte Dich nicht, mich zu vergessen: warum solltest Du etwas vergessen, das so schön ist? Aber Du sollst Dich nicht daran festklammern. Du mußt so unbeschwert wie sonst weiterleben und doppelt fröhlich sein, denn das Leben hat Dir auf Deinem Weg das Schönste alles Schönen geschenkt …

Ich muß an Sokrates denken. Lies von ihm – Du wirst bei Plato entdecken, daß er darüber berichtet hat, was ich im Augenblick durchmache. Ich liebe Dich unendlich, aber jetzt nicht mehr, als ich Dich schon immer geliebt habe. Der Stich, den ich im Herzen spüre, ist nicht schlimm. So ist das nun mal, und Du mußt das verstehen. Etwas lebt und brennt in mir – Liebe, Eingebung, nenn es, wie Du willst, aber es ist etwas, für das ich bis jetzt keinen Namen gefunden habe. Ausgerechnet jetzt muß ich sterben, dabei weiß ich nicht mal, ob ich in dem Herzen eines anderen Menschen wenigstens ein kleines Feuer angezündet habe, ein Feuer, das mich überdauern wird. Trotzdem bin ich ganz ruhig, denn ich weiß, daß die Natur so reich an Gaben ist, daß niemand Notiz davon nimmt, wenn ein paar einzelne Triebe zertreten werden und absterben. Warum sollte ich also verzweifeln beim Anblick all der Fülle, die weiterleben wird?

Kopf hoch, mein einziges Herz, halt den Kopf hoch und schau Dich um. Die See ist immer noch blau – die See, die ich so sehr geliebt habe und die uns beide umgab. Leb Du nun für uns beide weiter … Denk daran, und ich schwöre, es ist wahr, jede Trauer verwandelt sich in Freude – aber nur wenige werden sich das im nachhinein eingestehen. Sie hüllen sich in ihre Trauer ein, und Gewohnheit läßt sie glauben, daß die Trauer nie wieder aufhört, und sie hüllen sich für immer in sie ein. In Wahrheit folgt auf die Trauer ein Reifungsprozeß, und nach dem Reifen kommt die Frucht … Wie gern würde ich Dir all das Leben einhauchen, das in mir ist, damit es fortbestehen könnte und so wenig wie möglich davon verlorenginge. Danach sehne ich mich mit meinem ganzen Wesen.

Dein, doch nicht auf ewig,
Kim

Ich möchte
über deine weissen haare streichen
ich möchte
meine hände über deine augen legen
ich möchte gern
an deine schulter lehnen
und ganz von dir umfangen sein

so wie die sonne überm meer
in grauen dunst einsinkt
so möchte ich in dich einsinken
in dir ertrinken

und wenn du leise fragtest:
tut dir etwas weh?
so möcht' ich weinen dürfen eh'
ich wie die sonn' im meer
in deiner seltsam und behutsam
grossen liebe
untergeh'

Käthi Hohl-Hauser (*1918)

Wir kommen und gehen
Wolken im Wind
wer kann es verstehen
wozu wir sind?

Wir kommen und gehen
Spuren im Sand
die Spuren verwehen
keinem bekannt

Wir gehen und wandern
wer treibt uns voran
von einem zum andern
wer zieht uns an?

Wir gehen und hoffen
gegen den Schein
die Zukunft ist offen
sind wir nicht sein?

Lothar Zenetti (*1926)

Dein Grab ist mir unwichtig geworden

Als ich kürzlich den alten Bachweg
entlang ging, kamst du mit mir.
Als im Konzert ein Stuhl neben mir
frei war, sassest du neben mir.
Wie ein hauchdünner Schleier
durchschwebst du mich,
kommst mit mir überall hin.
Nur im Lärm entfernst du dich,
oder wenn ich in Eile bin.
Am nächsten bist du,
wenn ich allein bin.
Nur umarmen kann ich dich nicht mehr.
Glaub mir, das schmerzt!

Charlotte Knöpfli-Widmer

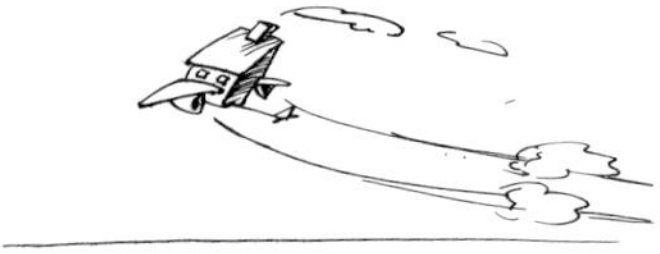

Zweites Kapitel

Geliehene Stunden

Ein Stundengebet

Schöner blüht heute der Phlox und süßer
duften im Baum die Jakobiäpfel.
Ringsum begegnet mir alles freundlich.

Wer hat vom Glück auf Erden, das nie
für alle gleichzeitig ausreicht,
mir diese Stunde geliehn?
Und wem wird sie fällig werden?

Laß mich sie dankbar entbehren,
wenn wieder ein andrer sie braucht.

Christine Busta (1915–1987)

Vom Glück

Nichts deutete darauf hin, daß dies ein besonderer Tag für Don Calhoun werden sollte. Ein Freund schenkte ihm eine Eintrittskarte für ein Basketballspiel der US-Nationalliga. Es fand an einem Donnerstagabend statt in Chicago, wo Don wohnte. Er hatte an diesem Abend Zeit. Just für dieses Spiel hatten eine Restaurantkette und ein Getränkehersteller einen Preis von einer Million Dollar ausgesetzt für den ganz undenkbaren Fall, daß jemand aus einer Entfernung von 23 Metern den Ball in den Korb werfen würde. Don Calhoun bekam seine Chance – und traf. Seine Aussichten standen nach Expertenmeinung bei eins zu einer Million (berichtet in der Bad. Zeitung vom 17. 4. 1993).

Wir wissen, daß Dinge geschehen, nur wenn sie möglich sind; gleichzeitig geschehen tausend Dinge nicht, die möglich wären. Wer ein Flugzeug verpaßt, das dann abstürzt, wer eine Eintrittskarte geschenkt bekommt und damit eine Million Dollar gewinnt, hat Glück, sagen die Leute. Er gilt als Glückspilz. Dies ist freilich kein Lob ohne jeden Makel, soll doch die geläufige Fusion des Glücks mit dem Pilz andeuten, daß der, der so ausgezeichnet wird, den Segen eigentlich nicht verdient hat. Er ist ein Neureicher, ein Emporkömmling – und eben darum nennen die Franzosen einen solchen Pilz einen Parvenü. Christoph Martin Wieland (1733–1813), dem die Wortbildung zugeschrieben wird, bezeichnete damit Leute, »die wie Pilze aus dem Mist aufgeschossen, ihr Glück gemacht« haben.

Glück, lehrt die Geschichte, ist ungerecht. Einer rennt sein ganzes Leben dem Glücke nach und hat immer das Nachsehen; ein anderer tut nichts, und stets fällt ihm das Glück in den Schoß. »Gott gibt die Nüsse, aber er beißt sie nicht auf«, notiert 1811 Johann Wolfgang von Goethe (1749–1832) in Weimar. Und der hierzulande wenig bekannte irische Dichter William Trevor schreibt: »Ich schreibe nicht über unglückliche Ehen, weil ich glaube, daß sich Glück nicht analysieren läßt« (Turgenjews Schatten. Hitzeroth Verlag, Marburg 1993).

Was ist Glück? »Glück ist auffallend spät bezeugt: mhd (seit 1160)«, hält der Sprachforscher Friedrich Kluge lapidar fest (Etymologisches Wörterbuch der deutschen Sprache). Das Glück, das der eine hat und dem der andere meist vergeblich nachrennt, nannten die Griechen *eutychía*, die Römer *fortuna* und die Engländer *luck*. Es hat etwas gänzlich Überraschendes an sich und hängt sowohl mit der *Occassion*, wie unsere Schweizer Landsleute sagen würden, als auch mit dem *Schwein-Gehabt* zusammen. Ihm nicht gleichzusetzen ist der glückliche Zustand, das Glück des *gelingenden* Lebens. *Eudaimonía* nannten es die Griechen, die Römer *felicitas*, die Engländer *happiness* – und eben so ist es auch in die amerikanische Verfassung eingegangen, ein singulärer Vorgang in der Verfassungsgeschichte der Nationen. Gemeint ist ein Zustand der Zufriedenheit, einer gelassenen, gleichbleibenden Fröhlichkeit in den Verhältnissen, wie sie nun einmal sind – was denn nichts anderes heißt: wie sie verbessert werden müßten. Im Mittelhochdeutschen – Kluge deutete das erste Vorkommen des Wortes bereits an – finden wir für diesen Zustand des Glücks das Wort *selig*, eben jenes Wort, das Martin Luther in der Übersetzung der Seligpreisungen Jesu benutzt, die ja durchweg von Leuten sprechen, deren Lebensumstände alles andere als glücklich genannt werden können.

Theodor Fontane (1819–1898), ein lebenskundiger Mann, der erst in der zweiten Hälfte seines Lebens zu schreiben und zu veröffentlichen begann, sieht den Zustand des Glücks erreicht im »behaglichen Abwickeln des ganz Alltäglichen, also darin, daß man ausgeschlafen hat und daß einen die neuen Stiefel nicht drücken«. Es hinge, meint er, davon ab, »ob man friert oder warm sitzt, ob der Ofen raucht oder guten Zug hat«. Es geht um die Freude an den kleinen Dingen. »Du hast von Deinen Alten die Fähigkeit geerbt«, schreibt er an seinen Sohn, »Dich in zehn Stunden (um nicht zu sagen Minuten) an zehn Dingen freuen zu können; und wer *die* Fähigkeit hat, der ist schön raus.«

Glück, meint Thomas Morus (1480–1535), ist mehr als lediglich das Gegenteil von Not, ja man müsse darauf hinweisen, daß gerade der Reiche besonders geeignet sei, unglücklich zu werden. »Geradeso wie es schwer ist … einen jungen Mann und ein junges Mädchen zusammenzulegen, ohne daß ein Begehren zwischen ihnen zündet: geradeso schwer ist es für den Menschen … sich in großem irdischen Reichtum und Wohlergehen von Eitelkeit und Ehrsucht freizuhalten. Läßt der Mensch sich hineinziehen, so folgt ein Dammbruch: … schroffe, verletzende Methoden, Ausbeutung, Erpressung, Unterdrückung, Haß und Grausamkeit.«

Christine Busta hält in ihrem Gedicht *Stundengebet* (S. 50) drei Einsichten fest. Glück, sagt sie, gilt erstens nicht für alle gleichzeitig, ist zweitens geliehen und darum drittens nicht bleibender Besitz. Dieses zusammen als Einsicht ernstgenommen, kann sie zu einer Haltung finden, die bittet: »Laß mich sie (die Stunde) dankbar entbehren, / wenn wieder ein andrer sie braucht.« Wenn ich aus dem Hause meiner Wünsche auf die Straße der vielen Möglichkeiten trete, muß ich mit den Unwägbarkeiten rechnen, die mir meinen Weg zum Kreuzweg machen können. Es ist dann wohl nützlich, wenn ich mir zur Lebensregel angeeignet habe: »Nach dem Sorgenmachen, der Unruhe, dem wartenden Herumstreichen in der Gegend des Telephons erfahre ich es oft: die Vorstufe des Unglücklichseins bekommt dem Glück, das danach zu haben ist, sehr gut. Das Glück wird erst durch ein Unglück, das ihm vorausging, bemerkbar und abgerundet, Dauer des Glücks: begrenzt, selbstverständlich sehr vergänglich – bis zum nächsten Mal. Nur indem ich mich von etwas erhole, nun aufatme, registriere ich mein Glück« (Gabriele Wohmann (*1932), Unterwegs, 1986).

Wieder begegnen wir der Polarität des Lebens, die uns schon im ersten Kapitel beschäftigt hat. Das spiegeln auch die Texte wieder, die Ihrem Nachdenken angeboten werden. Unter den Stichworten *Glück* und *Gehen* begegnen Ihnen Texte, die ihre Buchstaben gewonnen haben aus der sich fort und fort entwickelnden Schöpfung Gottes. Der Schriftsteller Christopher Fry (*1907) wagte es in den frühen Nachkriegsjahren – nach dem Holocaust, nach der Bombe auf Hiroshima –, von der Wohlgeratenheit der Schöpfung zu sprechen und die Schönheit des Lebens in seinen Komödien zu besingen. Es schien, als seien die Menschen ausgedürstet und stießen hier auf eine Quelle, deren sie zu lange entbehrt hatten: Worte, trunken von Weltlust, phantastische, ironisch versetzte Metaphern. Kürzlich beantwortete er die Frage: »Was wäre für Sie das größte Un-Glück?« mit dem lapidaren Hinweis: »Der Verlust des Augenlichts« (FAZ-Magazin 686 vom 23. 4. 1993).

So will der erste Teil dieses Kapitels unser Sehen schärfen, für das, was noch zu finden ist an Beglückendem (S. 55ff.).

Der zweite Teil wird das Glück der Augen bestärken durch das Glück der Füße (67ff.). Die naheliegende Aktualität des Themas zu der großen Wanderbewegung unserer Zeit, die Hans Magnus Enzensberger (*1929) beschrieben hat (Die große Wanderung, 1993), ist erwünscht, war aber nicht beabsichtigt. Vielmehr wollte ich hier, wie schon früher (Immer langsam voran, 1988), Mut machen zu einer aus der Mode gekommenen Möglichkeit, sich das Glück nicht ent-gehen zu lassen.

Dieses Kapitel macht nicht den Versuch, eine verbindliche Glücksdefinition zu finden. Das wurde schon im Altertum vergeblich versucht und ist seitdem zahlreich wiederholt worden. Gleichwohl schien es mir wichtig, zu dem singulären Thema »Glück und Gott« eine Seite anzubieten, die lose einige Zitate zusammenbindet aus der unübersehbaren Fülle der Glücksdefinitionen. Wem es zu mühselig ist, dem nachzudenken, begnüge sich mit einer Lebensregel von Ernst Penzoldt (1892–1955): »Man sollte sich jeden Tag mindestens einmal verlieben, in einen Menschen, einen schönen Baum, in eine Farbe oder die Anmut einer Katze. Ich wenigstens tue das und fühle mich sehr wohl dabei« (Nächtliche Notizen).

Aufwachen

Morgenwonne

Ich bin so knallvergnügt erwacht.
Ich klatsche meine Hüften.
Das Wasser lockt. Die Seife lacht.
Es dürstet mich nach Lüften.

Aus meiner tiefsten Seele zieht
Mit Nasenflügelbeben
Ein ungeheurer Appetit
Nach Frühstück und nach Leben.

Joachim Ringelnatz (1883–1934)

Sonne auf dem Brot

Mein Großvater war ein Steinkohlenbergmann, der tausend Meter tief unter der Erde arbeitete. Morgens, wenn die Sonne aufging, fuhr er ins Bergwerk ein, und abends, wenn sie unterging, fuhr er aus, sechs Tage in der Woche – vierzig Jahre lang. Einer der schönsten Augenblicke seines Lebens sei gewesen, als er nicht mehr habe einfahren müssen und an einem Wochentag plötzlich Sonne auf dem Brot gehabt habe.

Reiner Kunze (*1933)

Mit jedem Frühlingstag
wächst in mir die Sehnsucht,
daß einer nicht müde wird,

behutsam regnen zu lassen
auf die Dürre meiner Tage,
das verborgene Leben
beharrlich hervorzulocken,
bis es sich endlich
ans Licht wagt.

Antje Sabine Naegeli (*1948)

Löwenzahn

Da schlug er die Augen auf,
schuldlos und schön.
Es weinten die Wiesen.

Sprachlos vor Glück
standen die Bäume im schimmernden Tau.

Er aber staunte
immer aufs neue,
daß sie kam:
die herrliche Sonne!

Christine Busta (1915–1987)

Puch

Die Vögel am Morgen,
mit springender Kehle
im Lob des frühen Beginnens

und wir, die hören:
hier wie dort
die Springflut des frühen Entzückens.

Catarina Carstens

Unterwegs sein

Plötzlich, so im Gehen,
morgens auf dem Weg zur Arbeit,
fühlte er, wie warm der Tag war
und wie sehr schön und wohltuend die Sonne.
Sie floß herab, endlos,
ein Strom, in dem er dahinging mit allen anderen.
Das hatte er lange nicht mehr gewußt,
und er nahm den Hut ab, um sie besser zu fühlen.
Jemand, der ihm entgegenkam, dachte,
der andere habe ihn gegrüßt, weil er lächelte.

Walter Bauer (1904–1976)

Vieles, das wir Glück nennen, gehört nur dem Augenblick an, einem Feuerwerk gleich, das in Kürze heruntergebrannt ist und uns leer zurückläßt. Das wirkliche Glück zieht ein stilles Leuchten nach sich. Es wärmt uns auch dann noch, wenn es schon der Erinnerung angehört.

Antje Sabine Naegeli (*1948)

Blätterfall

Hast du zugesehen,
wie ein Blatt fällt,
wirklich zugesehen?
Still im Wald?
Wie es in der Luft schwebt,
bunt und leuchtend,
taumelt leis' zur Erde nieder;

fällt schon,
dreht sich hastig
wie ein Tänzer;
sinkt dann still herab
zu seinen Brüdern.
Bilden einen Teppich – so –
für deine Füße.

Juliane Sobing (*1944)

Was ist Glück? Meinen Kindern verdanke ich die Erkenntnis, daß Glück vor allem dies ist, sich der Freude an kleinen Dingen zu öffnen. Wie oft haben sie mich angesteckt mit ihrem Staunen über eine zarte Feder, einen schön geformten Stein, ein leuchtendes Blatt. Die Anrührbarkeit des kindlichen Herzens hat mich gelehrt, daß Glück sich finden läßt.

Antje Sabine Naegeli (*1948)

Es nieselte. Es war spät in der Nacht. Über den Fußboden sickerten wieder langsame Wasserrinnsale, und mir wurde klar, daß es eine Sisyphusarbeit war, die Zelle leerzuschöpfen.

Nach dem Verhör hatte ich weder Kraft noch Verlangen, aufs Oberbett zu klettern, und legte mich aufs untere, auf die bloßen Bretter. Aber mir war, als läge ich in einem Federbett – nur weil ich die Habichtsaugen des Untersuchers nicht mehr vor mir hatte und weil ich es geschafft hatte, ihn würdevoll zu verlassen.

Das Glück ist ein erstaunlich relativer Begriff, dachte ich. Auch im Unglück gibt es Minuten des Glücks, das Leben hat mich immer mehr davon überzeugt. So war ich in jenem Augenblick glücklich, als ich in der Zelle im imaginären

Federbett lag, weil ich mit meinem Verhalten beim Verhör zufrieden war, mit dem Ausbruch, der Rebellion, durch die ich meine Würde gewahrt hatte.

Anna Larina Bucharina (*1914) in ihren Erinnerungen aus dem Gulak

Ich weiß, was das ist:
im Elend sein.
Was wüßte ich sonst vom Glück.

Catarina Carstens

Letzigraben

Wintermorgen, überall Reif, die Sonne als roter Ball hinter einem metallischen Dunst, das spröde Gezweig unsrer Bäume, zierlich und zart, wie mit Tusche gemalt auf eine graue, etwas ins Violette schillernde Seide, und unter den Schuhen, wenn man über das braune Feld geht, klingt es wie zerbrechendes Glas …

In einer Woche ist Premiere.

Ich bin glücklich, mindestens weiß ich: diese Tage, wo zwei Entwürfe so verschiedener Art sich verwirklichen dürfen, werden mir einmal als glückliche Tage erscheinen. Hier die Handwerker, dort die Schauspieler. Das Wirkliche: die Spannung dazwischen. Die Proben werden wie immer das schönste sein; man ist unter sich, unter den Menschen, die daran arbeiten, und das Fertige wird stets etwas trostlos sein, unheimlich; alles Fertige hört auf, Behausung unsres Geistes zu sein; aber das Werden ist köstlich, was es auch sei – man sieht jetzt den warmen Atem der Arbeitenden als silbernen Hauch, der sich immerfort verliert …

Max Frisch (1911–1991)

Glück

Was war
und was sein wird,

in *einem* Punkt
zusammengeglüht

zum Jetzt

Catarina Carstens

Mein Glück wohnt auf grünen Deichen
unter Wolken, die schwerelos schweben.
Dort findet mich der Abend
und segnet mich mit sanftem Licht.
Versunken lausche ich
der ewiggleichen Liturgie des Meeres
und lasse die sinkende Sonne
wieder und wieder in mein Herz fallen.

Antje Sabine Naegeli (*1948)

Gott und Glück

Gott verteilt das Glück und der Küchenmeister die Suppe. (Jugoslawisches Sprichwort) • Es kommt alles von Gott: Glück und Unglück, Leben und Tod, Armut und Reichtum. (Jesus Sirach 11,14, um 190 v. Chr.) • Gottes Vorsehung, wie sie in der Schrift gelehrt wird, steht im Gegensatz zu dem Gedanken an »Glück« und »Zufall«. (Johannes Calvin, 1509–1564) • Hat das Neue Testament wirklich kein Wort für Glück in dem Sinn von Glück-Haben, Glücken, Gelingen-Lassen? Und in der Tat, es hat ein Wort dafür, es ist das zentrale Wort des Neuen Testaments überhaupt, nämlich Gnade. (Heinrich Buhr, Das Glück und die Theologie, 1969) • War Israel glücklich mit seinem Gott? … Macht Religion glücklich? … Beruhigt sie die Angst? Beantwortet sie die Fragen? Erfüllt sie die Wünsche, wenigstens die glühensten? Ich zweifle. (Johann Baptist Metz, 1993) • Es sind dynamische Glückserfahrungen, von denen die Bibel berichtet, keine statischen. Es wird vom Findeglück berichtet, nicht vom Besitzstand, vom überraschenden Geschenk, nicht vom verfügbaren Dauerzustand. (Otto Betz, Zum Glück gibt es den Glauben, 1984) • Das größte Glück auf Erden besteht darin, einem fremden Glück beiwohnen zu dürfen, das uns selbst am Herzen liegt. (Eugen Drewermann, Das Markusevangelium 1, 1987) • Nur das ist nicht richtig, daß Unglück unter *allen Umständen* zu Gott hinführe, oder sogar treibe; das tut es so wenig unbedingt als das Glück. (Carl Hilty, 1833–1876) • Wenn es Gott gefällt, uns ein überwältigendes irdisches Glück genießen zu lassen, dann soll man nicht frömmer sein als Gott und dieses Glück durch übermütige Gedanken und Herausforderungen und durch eine wildgewordene religiöse Phantasie, die an dem, was Gott gibt, nie genug haben kann, dieses Glück wurmstichig machen lassen. (Dietrich Bonhoeffer aus dem Gefängnis am 18. 12. 1943 an seinen Freund E. Bethge) • Die Theologengehirne sind von der Frage ewigen Lebens dermaßen eingenommen und von der Frage des Glücks so wenig, daß sie uns von der Zukunft nur die vage Vorstellung eines Himmels vermitteln können. (Lin Yutang, 1895–1976)

Teilen

Spielplatz

Einer meiner beliebtesten Spielplätze war der Kopf meines Großvaters. Sein Haar war gelblich weiß und kurzgeschnitten zu einem Igel. Ich saß auf seinen Knien, er hielt den Kopf nach vorn gebeugt, und ich stellte meinen Holzbüffel in das weiße Steppengras oder galoppierte mit dem Pferd von einem Ohr zum anderen. Ich glaube, er hat es genossen, wenn ich auf seinem Kopf spielte, denn er hatte niemanden, der ihn kraulte.

Reiner Kunze (*1930)

Die Sterntaler

Es war einmal ein kleines Mädchen, dem war Vater und Mutter gestorben, und es war so arm, daß es kein Kämmerchen mehr hatte, darin zu wohnen, und kein Bettchen mehr, darin zu schlafen, und endlich gar nichts mehr als die Kleider auf dem Leib und ein Stückchen Brot in der Hand, das ihm ein mitleidiges Herz geschenkt hatte. Es war aber gut und fromm. Und weil es so von aller Welt verlassen war, ging es im Vertrauen auf den lieben Gott hinaus ins Feld. Da begegnete ihm ein armer Mann, der sprach: »Ach, gib mir etwas zu essen, ich bin so hungerig.« Das Mädchen reichte ihm das ganze Stückchen Brot und sagte: »Gott segne dir's«, und ging weiter. Da kam ein Kind, das jammerte und sprach: »Es friert mich an meinem Kopfe, schenk mir etwas, womit ich ihn bedecken kann.« Da tat es seine Mütze ab und gab sie ihm. Und als es noch eine Weile gegangen war, kam wieder ein Kind und hatte kein Leibchen an und fror: da gab es ihm seins; und noch weiter, da bat eins um ein Röcklein, das gab es auch von sich hin. Endlich gelangte es in einen Wald, und es war schon dunkel geworden, da kam noch eins und bat um ein

Hemdlein, und das fromme Mädchen dachte: »Es ist dunkle Nacht, da sieht dich niemand, du kannst wohl dein Hemd weggeben«, und zog das Hemd ab und gab es auch noch hin. Und wie es so stand und gar nichts mehr hatte, fielen auf einmal die Sterne vom Himmel, und waren lauter blanke Taler; und ob es gleich sein Hemdlein weggegeben, so hatte es ein neues an, und das war vom allerfeinsten Linnen. Da sammelte es die Taler hinein und war reich für sein Lebtag.

Brüder Grimm (19. Jh.)

Jemandem sein glück glauben
ist schwerer als
jemandem die trauer abnehmen

Wir schwimmen im see
die bergkette spiegelt sich
plötzlich schnellst du dich vorwärts
ich sehe nur tropfenfäden
du hast dich in sonne wasser und bewegung aufgelöst
vor begeisterung verschlucke ich mich
und versuche nachzukommen

Über das glück miteinander sprechen
ist noch schwerer
weil wir einander kaum trauen können
es kommt mir vor
wie die sache mit heiligenscheinen
wer weiß wie sie zustande kommen
wieso leute so etwas gesehen haben müssen
welche freude dazu geführt haben muß
jemanden leuchten zu sehen

Dorothee Sölle (*1929)

Reichtum der Armut

Der irische Mönch Mochua und der heilige Colum Cille lebten zur selben Zeit.

Mochua, der als Eremit in der Einöde hauste, besaß keine weltlichen Güter außer einem Hahn, einer Maus und einer Fliege. Das Amt des Hahnes war es, ihm die Stunde der Frühmette zu verkünden. Was die Maus betraf, so ließ sie es nie zu, daß er, bei Tag oder bei Nacht, länger als fünf Stunden schlief; zeigte er aber, erschöpft von Vigilien und kniend dargebrachten Gebeten, Lust, länger zu schlafen, dann machte sich die Maus daran, sein Ohr zu lecken, bis sie ihn geweckt hatte. Die Aufgabe der Fliege war es, an jeder Zeile seines Psalters, während er las, entlang zu laufen; und wenn er des Singens der Psalmen müde geworden war, verharrte die Fliege immer auf der Zeile, wo er aufgehört hatte, so lange, bis er sich dem Hersagen des Psalmes wieder zuwenden konnte.

Nun geschah es, daß diese drei Köstlichen bald starben. Und daraufhin schrieb Mochua an Colum Cille in Schottland einen Brief, in dem er seiner Trauer über den Tod seiner kleinen Schar Ausdruck verlieh. Colum Cille antwortete ihm, und er schrieb ihm diese Worte: »Mein Bruder«, tröstete er ihn, »wundere dich nicht darüber, daß deine Herde dir weggestorben ist. Denn immer lauert das Unglück darauf, die Reichen heimzusuchen.«

Geoffrey Keating (1570–1660)

Ausruhen

Tagelang habe ich den Acker gepflügt,
unzählige Furchen
achtsam gezogen fürwahr, schnurgerad
glaubt ich sie all.
Aber nun schau ich vom Hügel hinunter,
da, siehe, die meisten,
leider gerieten mir krumm, wenige laufen gerad.
Ruhe, mein sorgliches Herz!
Die Egge wird alles verebnen.
O, ihre Zähne sind gut, wehren dem Zahne der Zeit!
Himmel, erziehe mir du die zarten, künftigen Saaten!
Einst, über Krumm und Gerad neigt sich das reifende Korn.

Hans Carossa (1878–1956)

Albrecht Goes nennt dieses Gedicht einen »Rechenschaftsbericht in Versen«. »Diese Strophen muß man lesen, wie man einen Klavierauszug liest: in Kenntnis, in Ahnung zumindest einer ganzen Partitur. Tagebuch, erfülltes Tagebuch: so hieße ja wohl hier die ›zweite Leistung‹, und es ist das Tagebuch eines Mannes, der nicht Empfindungen, sondern Erfahrungen notiert. Essenzen des Daseins, wie sie einem wachsamen, heilkundigen Blick sich darbieten« (Dichter und Gedichte.

Ein Indianer sagte zu einem amerikanischen Wissenschaftler: »Ihr Weißen seid verrückt! Von euren Maschinen getrieben, schuftet ihr wie die Wilden, bis ihr sechzig seid. Dann, wenn ihr schon zu alt dafür seid, fangt ihr an zu fischen, zu reisen, zu genießen. Wir verteilen die angenehmen Stunden über das ganze Leben. Ist das nicht vernünftiger?«

Berichtet von Ruth Dirx (*1913)

Leo Hirsch erzählte einmal die Legende von dem ärmsten Ehepaar, das es je gegeben, einem Buchbinder, der keine Arbeit mehr bekam und am Freitag keinen Heller mehr hatte, um Fleisch und Fisch oder auch nur Mehl und Barches und um Lichter zu kaufen, und von seiner Frau, die ihm nicht einmal ein Kind geboren hatte. Und als es Abend wurde und der Buchbinder aus dem Bethaus kam und die Frau, der er verboten hatte, fremde Wohltat in Anspruch zu nehmen, ihm nichts vorsetzen konnte, um den Sabbat zu heiligen, da sprach er dennoch alle Gebete wie sonst, und dann nahm er sein Weib und tanzte mit ihr durch die Stube, das war der erste Gang der Mahlzeit, der Fisch, und tanzte von neuem mit ihr, das war der zweite Gang, die Suppe, und tanzte wiederum mit ihr, das war der dritte Gang, das Fleisch. Und auch solche Heiligung des Schabbats mit nichts als Freude, so schließen die Chassidim, war Gott wohlgefällig, mit den beiden Armen jubelten die himmlischen Heerscharen, und die Engel tanzten im Paradiese mit und dem Ehepaar ging es bald besser, ein Sohn wurde ihnen geboren, der ein großer Rabbi geworden ist.

Sich das Wohlbefinden anlaufen

»Das Leben ist eine Brücke, gehe über sie hinweg, aber baue kein Haus darauf«, sagt ein indisches Sprichwort. An den Anfängen des Lebens steht der Garten als gemeinsame Wohnstätte des Lebens. Ihm entspringen zwei Lebensadern: Kain, der Bauer, und Abel, der Hirte. Kain wird, einer jüdischen Überlieferung zufolge, von Jahwe die Herrschaft über das Land, also auch über die existenznotwendigen Brunnen und Wege, übertragen.

Abel, der Zweitgeborene, der sein »bestes Stück der erstgeborenen Lämmer« Jahwe zum Opfer darbringt, erwirbt sich Wohlwollen, wie berichtet wird: »Jahwe blickte freundlich auf ihn« (1. Mose 4). *Atem, Dampf* bedeutet sein Name, das, was sich bewegt und vergeht, das Hinfällige und Vergängliche. Die Bibel ordnet dem Wort die Trauer zu. Abel wird von seinem Bruder Kain eingeladen, seine »Felder zu besuchen«, was schwerlich ging ohne Herde, die die Wege und Brunnen benutzt haben dürften. Bei diesem gastfreundlichen Besuch erschlägt Kain den Abel.

Kain, der Bauer, der erste Stadtgründer, wie er genannt wird, bezieht seinen Namen aus einem Verb, das *erwerben, Besitz gewinnen* bedeutet, dem aber auch die Bedeutung *Metallschmied* zugeordnet wird. Kain hatte zuvor ebenfalls »von seinem Ernteertrag« Jahwe ein Opfer dargebracht, das dieser aber »nicht anschaute«. »Da stieg Kain das Blut in den Kopf, und er brütete erbittert vor sich hin.« Nachdem er seinen Bruder erschlagen hat, der Dampf und der Atem ausgelöscht sind, folgt die Strafe auf dem Fuße. »Deshalb mußt du das fruchtbare Land verlassen und als heimatloser Flüchtling umherirren.« Er siedelte östlich des Gartens im Lande Nod, in der Heimatlosigkeit, der Flucht, der Wanderung. Der, der sich niedergelassen hatte, um den Besitz zu verwalten, nahm nun eine Facette der Existenz seines Bruders an. Die Strafe freilich erschien ihm zu hart. Vogelfrei, ohne Schutz preisgegeben, wollte er nicht sein. So erhält er einen Schutz: »Wenn dich einer tötet, müssen dafür sieben Menschen aus seiner Familie mit dem Leben büßen.« Das Wort *Metall* wird in einigen Sprachen in Zusammenhang gestellt mit *Gewalt* und *Unterdrückung*. Das Prinzip der Blutrache ist gesetzt, unter dem Menschen bis heute ihr Leben lassen müssen.

Dieses Jahrhundert wird das der Flüchtlinge genannt. Wir begegnen bis heute der Polarität, die sich in der Urgeschichte der beiden Menschenbrüder spiegelt: dem Widerstreit zwischen denen, die im Haus sind, den Seßhaften, und denen, die unterwegs sind, den Nomaden, auch den Flüchtlingen. Es ist müßig, darüber nachzudenken, warum Jahwe, der Gott des Weges, einem Seßhaften die Verfügungsrechte über das Land anvertraute. Die Geschichte lehrt, daß die Sorge um den erworbenen Besitz Menschen in einer Weise verändern kann, daß sie bereit werden, Leben zu vernichten. Das *Wachsen* verändert sich in den Stadtlandschaften unserer Zeit in das *Produzieren*. Es wird alles machbar, also kann auch alles der Vernichtung preisgegeben werden. Der Begriff Kain hat auch die Bedeutung *zeugen*. Dem Fort-Schritt müssen Opfer gebracht werden, die durch die Produktion reichlich ersetzt, erzeugt werden können.

Der Nomade hat in der Presse keinen guten Ruf: »Ihr Name stinkt mehr als der Geruch, den Vogelkot ausströmt«, schreibt ein Beamter im ägyptischen Pharaonenreich. Das verwundert nicht: dem Nomaden ordnen wir das Lagerfeuer und das *Erzählen* zu, die Geschichten aus Tausendundeinernacht und die mündliche Überlieferung. Allen Heiligen Büchern läuft die nomadische *Hörtradition* voraus. Über den Wanderer durch die Zeiten aber berichtet der Stadtschreiber. Er erfindet die *schriftliche Tradition*. Das wird sein Acker, den er künftig bebauen wird, nachdem Jahwe das Land für unfruchtbar erklärt hat. Seßhafte erzählen fortan vom Glück und Unglück des umherziehenden Nomaden. Es bleibt festzuhalten, daß alle großen Religionen – die jüdische, die christliche, die islamische, die buddhistische – unter seßhaften Völkern gepredigt wurden, die einstmals Nomaden waren.

Das polare Prinzip wird später in zwei Arten von Pilgerreisen aufgenommen: die eine wandert für Gott (ambulare pro Deo); sie nimmt das Vorbild Abels auf und des Urvaters Abraham, der die Stadt Ur verließ und fortan im Zelt lebte, jeweils zu periodisch neuem Aufbruch genötigt. Jeder Abbruch des Zeltes ist ein Aufbruch zu einem neuen Ziel. Die andere Pilgerreise will die enormen Verbrechen (peccata enorma) büßen, deren sich ein Mensch schuldig gemacht hat und für die er rechtskräftig verurteilt ist. Mit Hut, Geldbeutel, Stock und dem Kainszeichen ist er unterwegs, um wie Kain durch Gehen seine Schuld wiedergutzumachen. »Du kannst nicht auf dem Pfad gehen, bevor du nicht der Pfad selbst geworden bist«, sagt Buddha. Am Ende der großen Flucht vor der eigenen Vergangenheit wird dem Pilger das vielleicht beschieden sein.

In den Klöstern spiegelt sich der frühe Konflikt wieder. Novizen finden Gefallen an den Pilgerwegen. Es werden Vorschriften erlassen, sie in den Häusern zu halten. Der heilige Antonius meint: »Ein Mönch außerhalb einer Zelle ist wie ein Fisch außerhalb des Wassers.« Fragt sich, wie solche Warnungen zu vereinbaren sind mit der Tradition des wandernden Jesus, der nicht wußte, wo er des abends sein Haupt hinlegen sollte?

Der überwiegende Teil der Menschheit wird in wenigen Jahren in Häusern, in Städten leben. Wir können diese Entwicklung nicht umkehren, aber wir sollen uns bewußt bleiben, daß Sitzen eine Lebenshaltung ist, die unbeweglich machen kann. »Es ist gut, Dinge zu sammeln, aber es ist besser, spazierenzugehen«, sagt Anatole France (1844–1924). Das wäre zu beherzigen in einer Zeit, in der Menschen ihre Probleme versuchen in »Sitzungen« zu lösen – zu denen sie sich oftmals sitzend chauffieren lassen, im Auto oder im Jet, diesen neuen Wohnplätzen der Menschen. Es wäre manchmal hilfreicher, Probleme zu *begehen*, um sie so *unter die Füße zu bekommen*. Wenn Herr Kohl und Herr Mitterand in einem geschlossenen Zimmer über das Waldsterben diskutieren, ist dies weniger hilfreich – K.-M. Meyer-Abich nennt diese Form politischer Problemlösung eine »symbolische Umnachtung« –, als wenn sie sich zu einer gemeinsamen Wanderung in den Wäldern der Vogesen treffen und im Gespräch mit den Bäumen versuchen herauszufinden, was zu tun möglich wäre. Solditur ambulando, es wird im Gehen gelöst.

Deshalb ein klares Votum für das Wohlergehen durch die Lust zum Gehen: »Verlieren Sie vor allem nicht die Lust dazu, zu gehen: ich laufe mir jeden Tag das tägliche Wohlbefinden an und entlaufe so jeder Krankheit; ich habe mir meine besten Gedanken angelaufen, und ich kenne keinen, der so schwer wäre, daß man ihn nicht im Gehen loswürde … beim Stillsitzen aber und je mehr man stillsitzt, kommt einem das Übelbefinden nur um so näher … Bleibt man so am Gehen, so geht es voran« (Sören Kierkegaard (1813–1855), Brief an Jette, 1847).

So ist es. Was wäre dem hinzuzufügen? Vielleicht: Nicht jeder, der geht, ist auch unterwegs; und manche, die sitzen, sind bereits auf dem Weg. – Oder: »Unterwegs für das Leben« heißt eine Initiative von Evang. Frauen, die die Friedensbotschaft Jahr um Jahr zu den Orten politischer Entscheidung tragen; auf ihrem Weg besuchen sie christliche Gemeinden und berichten von ihren Erfahrungen. So sollte es sein in den seßhaft gewordenen christlichen Gemeinden; die Diskussionen über dogmatische Spitzfindigkeiten würden zu Randglossen. – Und schließlich: »Ein Mann zu Fuß ist überhaupt kein Mann«, meint ein texanischer Cowboy; ein klares Votum für das Tier als Reisebegleiter des Menschen, wohl kaum ein Votum für viele Pferdestärken.

Gehen

Meßlatte

Die Meßlatte
zerbrechen!

Kein weiterer
Sprung mehr
hoch und höher.

Gehen lernen
mit den Sohlen
auf der Erde
zwischen
Halm und Halm.

Olly Komenda-Soentgerath (*1923)

Manchmal hat man eine sehr lange Straße vor sich. Man denkt, die ist so schrecklich lang; das kann man niemals schaffen. Und dann fängt man an, sich zu eilen. Und man eilt sich immer mehr. Jedesmal, wenn man aufblickt, sieht man, daß es gar nicht weniger wird, was noch vor einem liegt. Und man strengt sich noch mehr an, man kriegt es mit der Angst, und zum Schluß ist man ganz außer Puste und kann nicht mehr. Und die Straße liegt immer noch vor einem. So darf man es nicht machen. Man darf nie an die ganze Straße auf einmal denken, verstehst du? Man muß nur an den nächsten Schritt denken, an den nächsten Atemzug, an den nächsten Besenstrich. Und immer wieder nur an den nächsten. Dann macht es Freude; das ist wichtig, dann macht man seine Sache gut. Und so soll es sein. Auf einmal merkt man, daß man Schritt vor Schritt die ganze Straße gemacht hat.

Michael Ende (*1929)

Wir sind übrigens alle unterwegs, du auch, sag, was du willst, du auch. Aber manche von uns haben ein Ziel. Jeden Tag haben sie ein Ziel, einmal ein kleines, einmal ein großes, und sie legen sich Entbehrungen auf und blicken nicht rechts noch links, bis sie das Ziel erreicht haben. Hurra! Und dann? Nichts. Sie haben eben ihr Ziel erreicht. Und zuletzt legen sie sich hin und sterben. Hurra!

Ich für meine Person habe kein Ziel. Ich gehe mit meinen schrumpeligen Hosen umher und bleibe alle Augenblicke stehen und gucke mich um: Hübsch ist es hier.

Manfred Hausmann (1898–1986)

Wer allezeit bei sich selbst wohnt, der gewinnt ein gar reiches Vermögen.

Heinrich Seuse (um 1295–1366)

Aufbrechen

Wenn dein Boot,
seit langem im Hafen vor Anker,
dir den Anschein einer Behausung erweckt,
wenn dein Boot Wurzeln zu schlagen beginnt
in der Unbeweglichkeit des Kais: such das Weite.
Um jeden Preis müssen
die reiselustige Seele deines Bootes
und deine Pilgerseele bewahrt bleiben.

Helder Camara (*1909)

Aber als der Herbst kam und die Weintrauben auf der Laube reif und die Blätter am Birnbaum rot und gelb waren, da wurde Einer traurig.

Und als dann die Weintrauben abgeerntet und auf dem Birnbaum nur noch zwei kleine Blätter waren, da wurde Einer ganz blaß und mager vor lauter Traurigkeit.

Einer fror. Die kugelrunde Frau konnte soviel Holz in den Ofen stecken, wie sie wollte: Einer saß am Fenster und fror. Manchmal sagte er: »Alle Schwalben sind schon im Süden.«

Oder: »Bald wird es schneien!«

Dabei schaute er so unglücklich drein, daß es der kugelrunden Frau fast das Herz brach. Und weil sie kein gebrochenes Herz haben wollte, so packte sie eines Tages drei Vorratswürste und ein Dutzend Winterbirnen und ein großes Stück Käse in den Rucksack und sagte zu Einer: »Da! Schnall den Rucksack auf den Buckel und geh! Den Winter über kommen wir gut allein zurecht!«

Und sie sagte: »Einer ist unglücklich, wenn er gehen muß, ein anderer ist unglücklich, wenn er bleiben muß.«

»Und du?« fragte Einer.

»Ich gehöre zu denen, die gern bleiben«, antwortete die kugelrunde Frau.

Sie hielt Einer den Rucksack hin, und Einer schnallte sich den Rucksack auf den Buckel.

»Bis zum nächsten Sommer«, sagte er und ging, vom Haus weg, die Straße hinunter, dem Dobar-dan-Land, dem Kalimera-Land und anderen Ländern, für die er erst einen eigenen Namen würde erfinden müssen, zu.

Die kugelrunde Frau stand vor dem Haus, den Hans hielt sie auf dem Arm.

»Er kommt wieder«, sagte sie zum Hans, »er kommt ganz sicher wieder! Aber wenn man wiederkommen will, muß man zuerst einmal weggehen. Stimmt's?«

Der Hans war noch viel zu klein, um zu verstehen, was die kugelrunde Frau gesagt hatte. Er nickte ihr trotzdem zu und lachte.

Christine Nöstlinger (*1929)

Unterbrich das Denken durch Gehen.
Denke gehend.
Denken im Sitzen verkrüppelt.
Was du durchdenkst, umgehe es.
Die Peripathetiker: die denkenden Umgeher.
Die umgehenden Denker.
»Umgehend« soll etwas geschehen, sagt man heute.
Das Umgehen der Sache ist damit ausgeschlossen.
Nach jedem Gang, durch jeden Gang gewinnt das Denken einen anderen, frischen Ansatz.
Man müßte einem Gedanken anmerken, daß – ob – er gegangen ist.
Bei Prüfungen im Denken sind die Prüflinge am Gehen behindert.

Wir leben in selbstgeschaffenen Verhältnissen, die zu gelähmtem Denken zwingen.

Wolfgang Dietrich (*1925)

Das Weggehen

Wichtig ist immer das Weggehen. Also muß man seinetwegen bereit sein, Purzelbäume zu schlagen, die eigene Großtante zu verpachten und einen Schraubenzieher zu schlucken. Tut man es nicht, schiebt man den Schraubenzieher achtlos oder mit Widerstreben beiseite, stellt man noch dazu die Großtante, weil sie ur- und eigen ist, auf ein unveräußerliches Podium und überläßt die Purzelbäume den sich nähernden Saltimbanques, so wird man es für alle Ewigkeit bereuen.

Tust du es aber doch, der Sehnsucht zuliebe, kann es sein, daß dieser Übermut dir das zurückgibt, wessen du aufs Schmählichste beraubt wurdest: Dein Liebstes, dein Geheimnis, deinen Glauben.

Cyrus Atabay (*1929)

Nach vielen Jahren

Du gehst,
wirst kleiner und kleiner, winkst,
wirst kleiner und kleiner,
das Herz springt mir in den Hals,
wie beim ersten Mal, als du kamst,
wie beim ersten Mal, als du gingst –

ich lache über die Zeit.

Catarina Carstens

Zeit haben

zeit haben

Sich anpassen an die gesellschaft heißt immer chancen wahrnehmen zu müssen. chancen des aufstiegs, chancen der selbstbestätigung, chancen des erfolgs, chancen, um mit einem minimum an mitteln ein maximum an sicherheit, geld, ruf, freiheit zu erreichen. so ist man dauernd gefordert. zeit hat man nur zum regenerieren.

sich anpassen an die wüste heißt, nichts falsch machen. man wird programmiert von der natur, von fakten, realitäten. hitze, kälte, sand, durst, müdigkeit, last, freude. das maß ist die frage: wieviel wasser habe ich noch bis zu meinem ziel. danach entschließt man sich, tags durch die hitze zu gehen und viel wasser zu brauchen, dafür nachts zu schlafen. oder man geht nachts, braucht weniger wasser und kann dann tags ruhen. das schafft zugleich viel zeit. man sucht, wenn es geht, einen kleinen fleck schatten, einen strauch, einen felsvorsprung, und man erlebt stunde für stunde, sonne am morgen, sonne im blauesten himmel kurz vor mittag. sonne mit flimmernder hitze und blendendem licht. und sonne wieder im blauen himmel am spätnachmittag. seltsamerweise wird es einem nicht langweilig. gelegentlich schläft man oder man hat an seiner ausrüstung zu tun. sonst ist man vollauf beschäftigt mit seinen gedanken, mit der großen umwelt und den nächsten schritten.

es gibt keine ablenkungen, mit denen man sich davonmogeln könnte. es gibt nur hohen blauen himmel ohne eine wolke, der in einer atmosphäre ohne luftfeuchtigkeit von horizont zu horizont reicht, ohne übergänge. es gibt das scharfe licht, blendende helligkeit ohne farben. es gibt den sand, der tagsüber leblos ist, nur im morgen- und abendlicht schatten bekommt, konturen, volumen und farben, es gibt den wind.

in diesen wenigen parametern entwickelt sich das schauspiel des wenigen und großen. weil man zeit hat.

otl aicher (1922–1991)

Man fragt mich: »Warum legen Sie kein Geld zurück? Sie reisen gern, Sie könnten mit der Eisenbahn nach Fitchburg fahren und die Gegend kennenlernen.« Ich bin aber zu gescheit dazu. Ich habe herausbekommen, daß am geschwindesten reist, wer zu Fuß geht. Ich sage zu meinem Freund: »Wollen wir einmal sehen, wer zuerst hinkommt. Die Entfernung beträgt dreißig Meilen, die Fahrtaxe neunzig Cent. Das ist der Arbeitslohn für einen Tag. Ich erinnere mich noch, daß hier an dieser Eisenbahn der Taglohn sechzig Cent betrug. Gut, ich marschiere zu Fuß ab und komme dort an, wenn es anfängt dunkel zu werden; ich habe schon wochenlang in diesem Tempo Fußtouren gemacht. Sie verdienen sich mittlerweile Ihr Fahrgeld und kommen morgens oder bestenfalls abends spät an, wenn Sie Glück genug haben, gleich Arbeit zu finden. Statt nach Fitchburg zu gehen, arbeiten Sie hier fast den ganzen Tag; und so glaube ich, daß ich Ihnen vorausbleiben würde, wenn die Eisenbahn um die Welt herum reichte. Was aber das Kennenlernen der Gegend anbelangt und weitere Erfahrungen, so wäre ich Ihnen derart voraus, daß ich mit Ihnen gar nicht mehr verkehren könnte.«

Henry David Thoreau (1817–1862)

in der wüste gehen

Die wüste ist eine denklandschaft. man geht nicht nur zwischen dünen, man geht auch in seinem eigenen denken umher, man macht gedankengänge. im gehen verändert sich die landschaft von bild zu bild. es verändert sich auch der gedankenhorizont. das auge zieht es mal hier, mal dort hin, auch die gedanken wildern umher. man wirft sie hinaus, als entwürfe. (7)

wie man im wasser schwimmt, muß man in der wüste gehen. gehen ist ohnehin eine animierende bewegung. der kopf beginnt ebenso munter zu werden wie die beine. wer geht, löst seine phantasie aus, seine vorstellungskraft, und läßt das denken von der kette los. man ist überrascht, wie kurzweilig ein marsch von einem ganzen tag ist.

die wüste ist immer das unbekannte. schon deshalb hat man zu gehen. hinter jeder düne ist eine andere düne, eine andere welt.

die wüste ist reich und einfach: die dünen und das licht. das ist alles. das macht ihre stimulans aus. auf dünen zu gehen kommt manchmal in die nähe des fliegens. es ist, als gleite man in den schwingungen der dünen dahin ...

natürlich ist man allein wie nirgendwo. man hört sein blutrauschen, sein herz schlagen. aber das dehnt auch die horizonte aus.

wer so geht, hat auch keinen besitz mehr. besitz zwingt zur seßhaftigkeit. man muß dableiben. und weil einem in der wüste nichts gehört, gehört einem alles. (121, 124)

am liebsten gehe ich allein oder nur mit noch einem begleiter. in jeder nacht gibt es einen punkt, wo man schlapp machen möchte. mal sind es die füße, mal stolpert man ungeschickt, mal ist es das klima, mal das gelände, daß man sich sagt, wozu das ganze. wenn man zu zweit geht, gibt es da keine allianzen, zu dritt können parteien des unmuts entstehen, die es dann auszuschalten gilt. und das kostet kraft. (30)

otl aicher (1922–1991)

Flüchten

Fluchtweg

Einen Sommer lang gehen
durch Heide und über Gebirg
sich vom Wegrand ernähren
segeln durch wogendes Getreide
immer den Vögeln nach und den Sonnen
bevor sie ausgerottet sind.
Man muß erfahren haben
welche Welt vergeht.

Ludwig Fels (*1946)

Ohne Verheißung wandert keiner aus. In früheren Zeiten waren Sage und Gerücht die Medien der Hoffnung. Das gelobte Land, das glückliche Arabien, das sagenhafte Atlantis, El Dorado, die Neue Welt: das waren die magischen Erzählungen, die viele zum Aufbruch motivierten. Heute sind es hochfrequente Bilder, die der globale Medienverbund bis in das letzte Dorf der armen Welt trägt. Ihr Realitätsgehalt ist noch geringer als der von Wundersagen aus der beginnenden Neuzeit; unvergleichlich mächtiger jedoch ist ihre Wirkung. Besonders die Werbung, die in ihren reichen Ursprungsländern mühelos als bloßes Zeichensystem ohne realen Referenten begriffen wird, gilt in der Zweiten und Dritten Welt als zuverlässige Beschreibung einer möglichen Lebensweise. Sie bestimmt zu einem guten Teil den Horizont der Erwartungen, die sich mit der Migration verbinden.

Hans Magnus Enzensberger (*1929)

Je kleiner unser Planet durch Wissen, Nachricht und Verkehr wird, je weniger zu erkunden, zu entdecken ist, um so mehr wird der Wanderer eine von der Politik aufgerufene und mißbrauchte Existenz. Wie weit entfernt voneinander sind in ihren Hoffnungen und Bedrängnissen Goethes Auswanderer von Brechts Flüchtlingen. Mischten sich die einen in der andern Gespräch, sie würden einander nicht verstehen.

Peter Härtling (*1933)

Gott ist ein Gott, der kommt, und der Glaubende ist ein Mensch, der geht. Der Mensch kann zu Gott gehen, weil Gott kommt. Gott ist mit ihm, weil das Kommen Gottes den Menschen zum Gang auf Gott zu befähigt. Gott kann Ereignis werden, weil der Mensch auf ihn zugeht (80)... Emmanuel, das heißt Gott-mit-uns, also auch Gott-mit-mir ... Gott muß irgendwo sein und nicht überall und nirgends. Gott könnte nicht Gott-mit-mir sein, wenn er an einem Ort wäre, an den ich nicht hingelangen könnte ... Natürlich muß ich möglicherweise den Ort wechseln, um mit ihm zu sein, wie Abraham Ur verlassen mußte (61) ... So ist Gott nicht überall. Er ist mit dem, der Frieden schafft, er ist nicht mit dem, der Krieg entfesselt. Er ist mit denen, die um der Gerechtigkeit willen verfolgt werden, und nicht mit denen, die verfolgen. Er ist mit mir, wenn ich dem Hungrigen zu essen gebe; wenn ich den Armen das Brot entziehe, zieht er sich von mir zurück. (59)

Jacques Pohier (*1926)

Ankommen

Es war einmal ein Mann, den verstimmte der Anblick seines eigenen Schattens so sehr, der war so unglücklich über seine eigenen Schritte, daß er beschloß, sie hinter sich zu lassen. Er sagte zu sich: Ich laufe ihnen einfach davon.

So stand er auf und lief davon. Aber jedesmal, wenn er seinen Fuß aufsetzte, hatte er wieder einen Schritt getan, und sein Schatten folgte ihm mühelos.

Er sagte zu sich: Ich muß schneller laufen. Also lief er schneller und schneller, lief so lange, bis er tot zu Boden sank.

Wäre er einfach in den Schatten eines Baumes getreten, so wäre er seinen eigenen Schatten losgeworden, und hätte er sich hingesetzt, so hätte es keine Schritte mehr gegeben. Aber darauf kam er nicht.

Tschuang-tse (4. Jh. v. Chr.)

Am Rande

Manchmal auf einer Schwelle sitzen,
ausruhn vom Gehn, das nicht ankommt,
die Tür hinter dir und nicht klopfen.

Alle Geräusche wahrnehmen
und keines verursachen.
Das Leben, das dich nicht annimmt, erhören:
im Haus, auf der Straße,
das Herz der Maus und des Motors,
die Stimmen von Luft und Wasser,
die Schritte des Menschen, der Sterne,
das Seufzen von Erde und Stein.
Manchmal setzt sich das Licht zu dir
und manchmal der Schatten,

treue Geschwister.
Staub will nisten auf dir
und unbetretbarer Schnee.

Langsam unter der Zunge
wärmt sich dein letztes Wort.

Christine Busta (1915–1967)

Ich ziehe die Dornen aus deinen Sohlen und Schenkeln,
ich salbe deine steifen Glieder mit dem Öl des Friedens,
ich wasche den Schweiß der Angst von deinem Leib.
Sei ohne Furcht, du stehst im Schatten meiner Schultern.

Der Shawnee-Häuptling Blackfish um 1778 zu seinem weißen Gefangenen Daniel Boone. Die Shawnee bekämpften die weißen Siedler in Kentucky und West-Virginia. Ihr bei uns bekanntester Häuptling war Tecumseh.

Sabbatruhe

Ein Chassid fragte den Zloczower Maggid: »Unser Lehrer Raschid sagt: Was fehlte der erschaffenen Welt? Die Ruhe allein. Der Sabbat kam, es kam die Ruhe. Warum heißt es nicht einfach: Der Welt fehlte die Ruhe, bis der Sabbat kam? Die Worte Sabbat und Ruhe meinen doch ein und dasselbe!«
»Sabbat«, erwiderte der Rabbi, »bedeutet Heimkehr*; denn an diesem Tag kehrten alle Sphären an ihren wahren Ort zurück. Darauf weist Raschid hin: Ruhelos sind in der Woche die Spären, weil sie von ihrem Ort herabgesenkt worden sind; Ruhe finden sie am Sabbat, weil sie heimkehren durften.«

Martin Buber (1878–1965)

* Kombination der Wortwurzel schawat, innehalten, feiern, von der das Wort schabbat, Sabbat, stammt, mit schuw, wiederkehren, heimkehren.

Drittes Kapitel

Möge deine Seele aufleuchten

Möge dann und wann
deine Seele aufleuchten
im Festkleid der Freude.
Möge dann und wann
deine Last leicht werden
und dein Schritt beschwingt
wie im Tanz.
Möge dann und wann
ein Lied aufsteigen
vom Grunde deines Herzens,
das Leben zu grüßen
wie die Amsel den Morgen.
Möge dann und wann
der Himmel
über deine Schwelle treten.

Antje Sabine Naegeli (*1948)

Heute

Nach Konfuzius durchläuft das Leben eines Menschen folgende Phasen: »Mit 15 Jahren widmete ich mich dem Studium; mit 30 trat ich ins Leben ein; mit 40 schwankte ich nicht mehr von einem zum anderen; mit 50 erkannte ich das mir vom Himmel bestimmte Ziel; mit 60 folgte ich dem, was ich hörte; mit 70 bedurfte ich, dem Zuge meines Herzens folgend, keiner Norm mehr.«

So ist das wohl. *Glückwünsche, Vorschläge* und *Anregungen* zu verschiedenen Phasen des Lebens sollen zu eigenen Einfällen verhelfen für die Festtage des Lebens. Gedenk-, Feier- und Festtage sind geschenkte Tage. Um sie sollen wir uns besondere Mühe geben. Keine Organisation verordnet ein Programm für diese Tage der Einkehr und Besinnung. Nachdenklich oder melancholisch schaut man hin: auf den neuen Schlips, das Sacktüchlein, den Sommerhut, die Socken, einen Sieg über sich selbst, ein nettes Wort, einen neuen Anfang, einen wiederkehrenden Traum. Das alles ist Grund zum Feiern und zum Danken.

Und natürlich freuen wir uns auf die, die bei dieser Gelegenheit an uns denken; an ihre Worte, die oft ausgesucht sind und uns wohltun wollen. Es ist dann so, wie es Rose Ausländer (1907–1988) sagt: »Mit alten und neuen/Landschaften/neuen und alten Worten/verlorenen und wiedergefundenen/Freunden/leben//Blicke deuten//Vor dem Abgrund/die Augen nicht schließen//Sich mit Altem zufriedengeben/protestieren//Endlos/von neuem anfangen.« (Gelassen atmet der Tag, 1992,190)

Ja, die Worte, die uns gelten, die uns beglücken sollen – mit wieviel Sorgfalt sollen wir mit ihnen umgehen! »Das Wort, das wir sprechen, ist Brot für andere. Wir alle können nicht leben ohne das Wort«, sagt Jörg Zink (*1922). »Darum gib deinem Wort Vertrauen mit, Klarheit und Freundlichkeit. Vielleicht auch einmal Rat und Weisung. Für alle Fälle Frieden. Denn dein Wort ist wie Brot. Das Wort, das du von Gott hörst, ist Brot für dich. Und das Wort, das du weitersagst, ist dein Brot für andere. Unendlich viele Menschen um dich her bitten: ›Unser täglich Brot gib uns heute‹ – und hoffen im stillen, daß irgendein Mensch im Namen Gottes ein freundliches Wort sagt.«

Grüßen

Nun ist das Licht im Steigen,
Es geht ins neue Jahr.
Laß deinen Muth nicht neigen,
Es bleibt nicht wie es war.
So schwer zu seyn, ist eigen
Dem Anfang immerdar,
Am Ende wird sichs zeigen,
Wozu das Ganze war.
Nicht zage gleich dem Feigen
Und klag' in der Gefahr!
Schwing auf zum Sonnenreigen
Dich schweigend wie der Aar!
Und wenn du kannst nicht schweigen,
So klage schön und klar!

Friedrich Rückert (1788–1866)

1982

Im neuen Jahr
grüße ich
meine nahen und
die fremden Freunde

grüße die
geliebten Toten

grüße alle
Einsamen

grüße die Künstler
die mit
Worten Bildern Tönen
mich beglücken

grüße die
verschollenen Engel

grüße mich selber
mit dem Zuruf
Mut

Rose Ausländer (1907–1988)

Das Neue Jahr

Nacht ist es,
wenn es eintritt
das Neue Jahr.

Geheimnis
ungeborener Zukunft
zwischen dem Dunkel
der Sterne.

Doch die Wegweiser
hoch in der Wölbung
des Himmels
leuchten.

Halte dich fest
an ihrem Licht.
Es wird dich stützen,
wenn du durch
Finsternis stolperst,
es wird dich wärmen,
wenn Kälte
hochkriecht an dir.

In dieser
ungeborenen Zukunft
strahlen Sterne
für dich.

Olly Komenda-Soentgerath (*1923)

Eine Kur

Nachdem sie einander von den Bädern erzählt hatten, die sie nahmen, und von der Diät, die sie befolgten, sagte der erste: »Ich mache seit zwei Wochen eine Kur in guter Laune und befinde mich dabei sehr wohl. Es gibt Zeiten, in denen die Gedanken bitter werden, in denen man an allem etwas auszusetzen findet und weder bei anderen noch bei sich selber mehr etwas Schönes feststellt. Wenn es soweit gekommen ist, muß man sich einer Kur in guter Laune unterziehen. Sie besteht darin, seine gute Laune sowohl jeder Art von Pech wie jenen Kleinigkeiten gegenüber zu bewahren, die einen, wenn man sich nicht in Kur befände, in Verwünschungen ausbrechen ließen. Aber zu Kurzwecken ist dieser kleine Ärger ebenso nützlich, wie Berge nützlich sind, sich die Beinmuskeln zu stärken.«

»Es gibt lästige Leute«, sagte der zweite, »die sich zusammentun, um gemeinschaftlich zu klagen und anzuklagen; für gewöhnlich flieht man sie; aber wenn man eine Kur in guter Laune macht, sucht man sie umgekehrt auf; sie sind für diese Kur dasselbe, was für gymnastische Übungen Hanteln sind. Man fängt mit den leichtesten an und geht stufenweise zu den schwersten über. So teile ich meine Freunde und Bekannten nach dem Grad ihrer schlechten Laune ein und nehme sie mir der wachsenden Schwierigkeit nach vor. Sind sie noch gereizter und ausfälliger als gewöhnlich, sage ich mir: ›Eine gute Gelegenheit! Nur Mut! Werde auch damit noch fertig!‹«

»Auch alltägliche Dinge«, sagte der dritte, »sind oft so, wie es einer Kur in guter Laune förderlich ist. Ein angebranntes Ragout, altes Brot, Hitze und Staub, zu bezahlende Rechnungen und ein fast leeres Portemonnaie geben Gelegenheit zu nützlichen Übungen. Wie beim Boxen sagt man sich: ›Ich muß diesen Schlag entweder abwehren oder einstecken.‹ Für gewöhnlich brüllt man los wie ein Kind und schämt sich so sehr darüber, derart zu brüllen, daß man noch mehr brüllt. Macht man aber eine Kur in guter Laune, sieht die Sache anders aus; man nimmt sie hin wie einen Wasserguß; man schüttelt sich; man zuckt die Achseln; dann streckt man sich und lockert seine Muskeln; man wirft sie aufeinander wie nasse Wäschestücke; woraufhin man Appetit bekommt und das Leben schmackhaft findet. Aber ich verlasse Sie jetzt«, schloß er; »Sie sehen mir zu heiter aus; Sie können mir bei meiner Kur nichts mehr nützen.«

Alain, 24. September 1911

Beginnen

Neuer Tag

Auferstanden vom Schlaf
gesättigt vom Traum
sind wir da
und fordern den Tag.

Schöneres kann uns nicht blühn
als der Baum vor dem Hause
des Nachbarn.
Begabter können die Sinne nicht sein
als wahrzunehmen
was uns gebührt.

Elisabeth Borchers (*1926)

Kleine Morgengabe

Früh in der Morgendämmerung
wird über meiner Stadt der Himmel
manchmal so apfelgrün,
daß ich ihn riechen kann.

Ich werde heut nacht nicht schlafen,
um ihn zur rechten Stunde zu pflücken
und in dein fernes Fenster zu legen,
daß er dir duftet.

Christine Busta (1915–1987)

Glück

Schon das kleine, das unscheinbare, genügt, Gott:
der Halm, der ohne zu fragen grün wird,
der dunkle Weckruf der Ringeltaube,
die Seife, die Dusche, das Prickeln der Haut,
die Wolke am Morgenhimmel, die heitere
Zeitung: das Geschrei der Spatzen, das
Hundegebell, das Rumpeln und Scheppern der
Kübelmänner, Kaffeegeruch, das offene Fenster,
Luft in den Lungen, kein Asthma, kein Kopfschmerz,
kaltes Wetter, Schnee auf den Fichten, die
Uhr, der Postkartenbote: Gruß aus Colombo, die
Stimmen der Kinder, ihr Auge, ihr furchtloses Wort.

Rudolf Otto Wiemer (*1905)

Wachsen dürfen

Eine Insel erfinden
allfarben
wie das Licht

In seinem Schatten
willkommen heißen
die Erde

Sie bitten
uns aufzunehmen
in Gärten

wo wir wachsen dürfen
brüderlich
Mensch an Mensch

Rose Ausländer (1907–1988)

Den unwiderstehlichen duft
von sonne und sternen
von wolken und wildem wind
von früchten und frauen
einfangen mit beiden händen
in kugelige körbe ihn legen
sorgsam ihn in säcke sammeln
dosen taschen flaschen füllen
und ihn wieder ausstreuen dann
mit großer hand ausstreuen
wo der dunst der resignation
der erstarrung vor sachzwängen
der gewaltsamen unlösungen
des sturen machbarkeitswahnes
der kalten geschäftstüchtigkeit
der welke geruch des todes eben
aufsteigen sich breit machen
und das leben ersticken will

Peter Studler (*1939)

Wünschen

Glück-Wünsche

1
Daß du dir glückst.

2
Daß dir das Glück anderer glücke.

3
Daß durch dich
ein oder zwei Menschen
besser sich glücken.

4
Daß das Glück dich nicht blende
für das Unglück anderer.

5
Daß du dir glückst
auch im Unglück.

6
Daß eine Welt werde,
wo zusammen mit dir
viele sich glücken können.

Kurt Marti (*1921)

Möge sich der leichte Mantel des Schnees
über die kühle Glätte deines Winters legen
und die Sanftheit dich streicheln
wie mit Fingerkuppen aus gelben Osterglocken.

Drehe dein Gesicht in die Sonne,
daß es aufblüht im roten Mohn des Frühjahrs.

Mögest du beschenkt werden
mit Behutsamkeit und Sorgfalt;
dein Herz soll voll Jubels sein,
fröhlich und weit, allen zugewandt,
die im Herzen traurig sind.

Jürgen Schwarz (*1940)

Ich wünsche dir Wissen,
um deine Reise zu bestehen.
Weisheit, um das erworbene Wissen anzuwenden
und das Heute für dich zu entdecken.
Mitgefühl, um andere anzunehmen,
die einen anderen Weg gehen,
ihnen mit Verständnis zu begegnen.
Beweglichkeit, um zwischen verschiedenen
Möglichkeiten auszuwählen.
Kraft, um zu überwinden, was dich ängstigt,
deinen Weg zu gehen ohne falsche Sicherheiten.
Stille, um deine Mitte zu finden.
Freude, daß dein Leben voll Lachens sei
und du schwierige Wegstrecken durchtanzen kannst.

Liebe, die zärtliche Leichtigkeit,
möge dich umfangen wie einen Mantel,
in dem du dich bergen kannst.

Jürgen Schwarz (*1940)

Möge dich ein Engel
auf deinen Wegen behüten
und dich vor allem Dunklen bewahren.
Möge er deine Sorge tragen helfen
und dein Leben von innen her
erwärmen und erleuchten
und dir die Gewißheit schenken,
daß es gut ist, daß es dich gibt.
Wenn du ihn spürst,
ist es vielleicht
ein Gedanke der Liebe
von mir.

Christa Spilling-Nöker (*1950)

Verdrieße dich nicht darüber,
daß der Rosenstrauch Dornen trägt,
sondern freue dich darüber,
daß der Dornenstrauch Rosen trägt.

Arabisches Sprichwort

Schenken

Schenken

Schenke groß oder klein,
Aber immer gediegen.
Wenn die Bedachten
Die Gaben wiegen,
Sei dein Gewissen rein.

Schenke herzlich und frei.
Schenke dabei
Was in dir wohnt
An Meinung, Geschmack und Humor,
So daß die eigene Freude zuvor
Dich reichlich belohnt.

Schenke mit Geist ohne List.
Sei eingedenkt,
Daß dein Geschenk
Du selber bist.

Joachim Ringelnatz (1883–1934)

Wer an Ring und Käfer und Glückspfennig und Schornsteinfeger glaubt, hat eigentlich schon Glück, weil er nämlich, wie man heute sagt, positiv denkt und nicht negativ. Weil er seiner eigenen Prophezeihung folgt, die sich durch diesen Glauben selbst erfüllt. Und was ist das für ein Glauben? Aberglauben? Oder vielleicht nichts anderes als der an die eigenen Kräfte?

Wer sich die natürliche Zuversicht durch etwas Wohlfeiles wie ein Herz oder einen Taler an der Uhrkette oder irgendein anderes Amulett am Bettelarmband erkauft, der hat wahrhaftig Glück. Und wer ein Marzipanschwein am Neujahrstag oder einen Glücksstein am Geburtstag geschenkt bekommt, hat auch Glück. Nämlich Freunde und Geschwister oder einen Liebsten, die Glück wünschen, voll Vertrauen darauf, daß zumindest dieser Mensch ein Glückpilz werden kann.

Sybil Gräfin Schönfeldt

Stille Gaben

Ich schenke dir von meiner Zeit
Wie einen Tropfen Ewigkeit
Gedankenschwer – gedankenleicht
Das Maß, das an den Himmel reicht.

Ich schenke dir von meinem Glück
Den einen scheuen Augenblick,
Der wie ein Segel dir erglänzt –
Da du dich selbst in ihm erkennst.

Ich bringe dir von meiner Lieb'
Die Knospe, die der Winter trieb;
Das harte Lösen und das Lassen –
Das liebeleise Allumfassen.

Ich zeige dir aus meinem Leid
Den Perlenschimmer Seligkeit,
Zeig dir das Suchen und das Finden
Im Warten und im Überwinden.

Ich reiche dir die offene Hand
Als stetes, immergrünes Band,

Trag Funken dir vom großen Licht
Von Angesicht zu Angesicht.

Ich schenke dir von meinem Raum
Die Tiefe und den goldnen Saum
Als Wohnung und als Weggeleit.
Ich schenke dir von meiner Zeit.

Irmgard Stachelhaus

für F.

Ich möchte dir
kraft
hinhauchen
zur veränderung
deines wurzelwerks

Maielies Hirsch (*1922)

Brief ans Christkind

Was ich mir wünsche?
Daß der, den ich liebe,
mich für das Weilchen, das ich noch lebe,
wirklich lieb hat,
und daß ich ihm das
immer leicht machen kann.

Vielleicht vergißt er mich
dann auch nachher
nicht ganz.

Christine Busta (1915–1987)

Anakreontischer Imperativ

Mit Verstand ein Weinlein schlürfen,
froh sein, daß wir leben dürfen,
eine hübsche Jungfer küssen,
nie sich sklavisch ducken müssen,
Freundschaft mit den Freunden pflegen,
möglichst sich normal bewegen,
keinem die Erfolge neiden,
dankbar werden und bescheiden,
aber, mit sich selbst im klaren,
dennoch seinen Stolz bewahren,
die Talente frei entfalten,
kritisch sich und wach verhalten,
gegen die Vergreisung kämpfen,
seine eigne Stimme dämpfen,
auch die Gegner gelten lassen,
weder sich noch andre hassen,
niemals wegen Nichtigkeiten
blau sich ärgern oder streiten
oder hypochondrisch werden
und sein Glück dadurch gefährden,
sondern still sein Weinlein schlürfen,
und, solange wir's noch dürfen,
die erwähnte Jungfer küssen:
das ist alles, was wir wollen –
respektive können sollen –
respektive können müssen!

Fridolin Tschudi

Vorschlagen

Habe Geduld gegen alles Ungelöste
in deinem Herzen und versuche,
die Fragen selbst liebzuhaben
wie verschlossene Stuben und wie Bücher,
die in einer sehr fremden Sprache geschrieben sind.

Forsche jetzt nicht nach Antworten,
die dir nicht gegeben werden können,
weil du sie nicht leben kannst,
und es handelt sich darum,
alles zu leben.

– Lebe jetzt die Fragen –
vielleicht lebst du dann allmählich
ohne es zu merken
eines fernen Tages
in die Antwort hinein.

Rainer Maria Rilke (1875–1926)

Ablegen
unnötige Ziele,
Sorgen bündeln
in tragbaren Gewichten.
Von alten Erfahrungen
sich freundlich anblicken lassen.
Neuen Erfahrungen
offen entgegengehen.
Sich bevorraten
mit Humor, Leichtigkeit.
Zärtlichkeit dazunehmen,

eine Prise Ausdauer vielleicht.
Den Rücken gerade richten,
den Beutel umschnallen.
Den ersten Schritt tun
auf dem langen Weg des Lebens.

Jürgen Schwarz (*1940)

Gib dich nicht der Sorge hin
und komm nicht zu Fall durch dein Grübeln.
Freude des Herzens ist für den Menschen Leben,
und Frohsinn verlängert seine Tage.
Rede dir selber gut zu
und beruhige dein Herz
und halte Ärger dir fern.
Denn viele tötet die Sorge,
und der Kummer nützt dir nichts.
Neid und Verdruß verkürzen das Leben.
Wer sich zersorgt, der altert vor der Zeit.
Wein und Künste, sie stimmen froh das Herz;
doch mehr als beide
die Liebe zu heiterem Sinn.

Jesus Sirach 30, 22–26; 40, 20

steh auf

Wenn dich etwas umgeworfen hat
steh auf
wenn ein anderer besser deinen platz ausfüllt
auch das ist auferstehung
steh auf
gerade wenn du meinst

du könntest nicht aufstehen
der stein vor deinem grab
wird sich von selbst
fortbewegen
es wird dir ein stein vom herzen
fallen

wilhelm willms (*1930)

Sichtbar werden

Aus den Tiefen
die Höhen
sammeln

aufplatzen
aus der Schale
springen

ausscheren
in sich

ins Selbst
ins Sein

Anita Heyden (*1942)

Anregen

Leute

Kleine Leute, große Leute
gab es gestern, gibt es heute,
wird es sicher immer geben,
über, unter, hinter, neben

dir und mir und ihm und ihr:
Kleine, Große sind wie wir.
Größer als ein Großer kann
aber sein ein kleiner Mann.

Klein und groß sagt gar nichts aus,
sondern nur, was einer draus
für sich selbst und alle macht.
Darum habe darauf acht:

Wer den andern hilft und stützt
und sich nicht nur selber nützt,
hat das richtige Format –
ob ein Zwerg er oder grad

lang wie eine Latte ist
oder einen Meter mißt.
Kleine Leute, große Leute
gab es gestern, gibt es heute.

Günter Kunert (*1929)

Postkarte an junge Menschen

Gebt nicht nach, wie wir es getan haben,
Folgt den Verlockungen nicht, denkt nach,
Verweigert, lehnt ab.
Denkt nach, eh ihr Ja sagt,
Glaubt nicht sofort, glaubt auch dem Einleuchtenden nicht,
Glauben schläfert ein, und ihr sollt wach sein.
Fangt mit einem weißen Blatt an,
Schreibt selber die ersten Worte,
Laßt euch nichts vorschreiben.
Hört gut zu, hört lange zu, aufmerksam,
Glaubt der Vernunft nicht, der wir uns unterwarfen.
Fangt mit der stummen Revolte des Nachdenkens an,
Prüft und verwerft.
Bildet langsam das Ja eures eigenen Lebens.
Lebt nicht wie wir.
Lebt ohne Furcht.

Walter Bauer (1904–1976)

Fehler machen dürfen
und sich seine Irrtümer eingestehen,
fünfe grade sein lassen
und die Welt zum Narren halten können,
Trauer durchstehen
und sich dadurch verwandeln lassen,
den Augenblick auskosten,
auch den bitteren,
und der Zukunft dann wieder
getrost entgegensehen,
allein sein können
und sich neuen Begegnungen öffnen,
Abschied nehmen können,

um sich der Liebe wieder neu hinzugeben,
Umwege gehen
und trotzdem
– oder gerade dadurch –
ans Ziel kommen.
und eines Tages sagen können:
ich habe gelebt.

Christa Spilling-Nöker (*1950)

Postscriptum

Was ich noch sagen wollte
Wenn ich Dir
einen Tip geben darf
Ich meine
Ich bitte Dich
um alles in der Welt
und wider besseres Wissen:

Halte Dich nicht schadlos
Zieh den kürzeren
Laß Dir etwas
entgehn

Eva Zeller (*1923)

Verstehen

Herr, ich komme zu Dir,
daß Deine Berührung mich segne.
Bevor ich meinen Tag beginne,
laß Deine Augen eine Weile
auf mir ruhen, mein Freund.
Laß mich das Bewußtsein
Deiner Freundschaft mit in
diesen Tag nehmen.
Fülle meine Seele mit Deiner Musik,
daß sie mich durch den Lärm des Tages begleite.
Laß den Sonnenschein Deiner Liebe
die Gipfel meiner Gedanken küssen
und im Tal meines Lebens
die Ernte reifen.

Rabindranath Tagore (1861–1941)

Du, der über uns ist, du, der einer von uns ist,
Du, der ist – auch in uns:
daß alle dich sehen – auch in mir,
daß ich den Weg bereite für dich,
daß ich danke für alles, was mir widerfuhr,
daß ich dabei nicht vergesse der anderen Not.
Behalte mich in deiner Liebe,
so wie du willst, daß andere bleiben in der meinen.
Möchte sich alles in meinem Wesen zu deiner Ehre wenden,
und möchte ich nie verzweifeln,
denn ich bin in deiner Hand,
und alle Kraft und Güte sind in dir!

Dag Hammarskjöld (1906–1961)

Die Seele

ist wie ein Wind,
der über die Kräuter weht,
und wie der Tau,
der auf die Wiesen träufelt,
und wie die Regenluft,
die wachsen macht.

Genauso ströme der Mensch
ein Wohlwollen aus
auf alle, die da Sehnsucht tragen.

Ein Wind sei er, der den Elenden hilft,
ein Tau, indem er die Verlassenen tröstet,
und Regenluft, indem er die Ermatteten aufrichtet
und sie mit Liebe erfüllt
wie Hungernde, indem er ihnen
seine Seele hingibt.

Hildegard von Bingen (1098–1179)

Sehnsucht

Je mehr wir verstehen,
daß nichts so leicht
zu machen ist
wie ein Fehler,
je mehr uns
die Frage umtreibt
ob, warum schon die Zeit
Schuld bringt,
je zahlreicher

die Verhöhnungen werden,
die Schreckensnachrichten,
die Schatten der Gefolterten
und Getöteten –
um so mehr wächst
die Sehnsucht danach,
daß wir füreinander endlich
bessere Auslegungen sind,
daß nicht so viel
weiter verstellt ist,
daß wir mehr vom Leben
vor dem Tod spüren,
daß der Augenblick sich erwärmt,
wenn wir zusammen reden,
gleich jetzt,
an einem solchen Tag,
der als Schnee kommt.

Walter Helmut Fritz (*1929)

Nach dem letzten Vaterunser

Von dem Wenigen, das ich gut gemacht habe,
und dem Vielen, daß ich gut machen wollte,
leg die Hälfte einem auf die Waage,
der nichts als die Last der Finsternis austrug.
Und laß uns beiden zukommen Dein Reich.
Ohne ihn bleib ich ausgeschlossen.

Christine Busta (1915–1987)

VIERTES KAPITEL

Gehen
Schritt für Schritt

In den schuhen von andern
ein stück lebensweg wandern
in mokassins stiefeln sandalen
die schuhe versuchsweise wechseln
in fremde als in meine eignen
eine zeitlang täglich schlüpfen
den weg nach ihrer weisung
alsdann gehen schritt für schritt
des besitzers gewohnheit gemäß
neugierig die üblichen gänge
und soweit ich dazu fähig bin
getreulich wie er's tut erledigen
aus erfahrung weiß ich nachher
ein bißchen besser vielleicht
wo der schuh am meisten drückt
bei denen die nicht barfuß sind

Peter Studler (*1939)

Heute und Morgen

Die ersten Schuhe, die uns hingestellt werden, heißen vielleicht: dieses Leben ist ein Weg, den wir abgehen müssen. Mühe, Arbeit und Schweiß werden uns prophezeit.

Die zweiten Schuhe, die man uns überstülpt, heißen vielleicht: viele Wege sind in dir eingezeichnet, die gesammelten Erfahrungen anderer werden in dir weiterleben.

So geht es Schuhpaar um Schuhpaar. Allmählich lernen wir die eigenen Schuhe anzuziehen, lernen wir, daß es gilt heute – nicht gestern oder morgen – zu leben. Wir lernen, daß Dinge, die wir falsch gemacht haben, oft nicht wieder gut zu machen sind; daß Tage, die vor uns liegen, oft nicht auszurechnen sind und uns Angst erfüllen kann vor dem, was auf uns zukommt. Wir lernen schließlich und endlich, daß alles seinen Preis hat. Wir sind den Kinderschuhen entwachsen und realistisch geworden.

Einer meiner Lehrer hat gesagt, man dürfe den sogenannten Realisten nicht die Welt überlassen. Jeder habe die Wahl zwischen vielen Möglichkeiten. Man dürfe sich durchaus von den guten, nicht immerfort von den schlechten Erfahrungen leiten lassen. Für Menschen, die so leben, sagte er, »ist die Welt voller Verheißung, jedenfalls voller erfreulicher Chancen. Sie sind keine Schwärmer, aber sie sind insofern realistischer als die Realisten, als sie bereit sind, die Wirklichkeit nicht nur anzuschauen als die Summe der unverrückbaren Bedingungen des Daseins, sondern auch und zuletzt als Spielfeld seiner Möglichkeiten, seiner Alternativen« (Ernst Lange, 1927–1974).

Die in diesem Kapitel versammelten *Wegweisungen, Lebensregeln* oder *Ratschläge* fühlen sich diesem Lebensansatz und der alten Einsicht verbunden, »daß Menschen einander erzählen« sollten, »was sie erlebt haben und was ihnen aus dem Erleben an innerem Besitz blieb« (Hermann Hesse, 1877–1962). Daß sie sich überwiegend an den Sprachgestus des kleinen ABC's oder der Zehn Gebote (Ernst Lange spricht von den »Zehn großen Freiheiten«) orientieren, hat unter anderem praktische Gründe: Regeltafeln erzeugen Widerstand; Widerstand setzt eigene Kräfte frei, Prinzipien selbst einmal niederzuschreiben, die für das eigene Leben gelten könnten. So habe auch ich es gehalten: Bei dem Text auf *Seite 122f* habe ich mich anregen lassen von Gedanken, die *Karl Barth (1886–1968)* einmal niedergeschrieben hat; im Text auf *Seite 128ff* nehme ich Gedanken von *Johann Christoph Hampe* auf.

Beginnen

Der Tag

Der Tag ist ein Berg
Du mußt ihn täglich besteigen
Lawinengeröll
Taugras Wipfel die
den Himmel im
Gleichgewicht halten

Rose Ausländer (1907–1988)

Vom Morgen zum Abend

Am Morgen
lerne ich zunächst
das Kapitel vom Hören und Sehen.
Dann das Kapitel vom Nehmen und Geben.
Danach das Kapitel vom Hungern und Dürsten.
Und schließlich das Kapitel
vom Lesen und Schreiben.

Ich kontrolliere den Stand der Wörter,
notiere Verlust und Gewinn,
Überfluß und Bedürfnis.
Ich bin in Erwartung.
Erwarte Nie Da Gewesenes.
(Erst gestern entdeckte ich
in einem Gedicht »ein Flugzeug
aus Mann und Frau«.)

Am Abend rekapituliere ich
das Abnehmen der Kräfte
und die Lektion der alten Meister,
nicht oft genug könne die Sonne aufgehen,
und *purpurn* sei sie zu nennen.
Königlicher Mantel
aus Arm und Reich.

Elisabeth Borchers (*1926)

Den Tag bejahen,
sich befreunden mit Stunden und Augenblicken,
die geschenkt sind.
Jeden Tag zu seinem Recht kommen lassen.
Die Stunden verschenken wie einen Reichtum,
der zugefallen ist,
durch Zuhören, Anteilnahme, Planen, Fröhlichsein.
Dem Streit nicht aus dem Weg gehen,
am Abend ihn zu beenden trachten.
Ordnen, was zu ordnen ist, Raum geben dem,
was zu sich selbst kommen will.
Den Schlaf empfangen wie eine Wohltat
und so den letzten Tag erwarten.
Schuld vergeben, um Vergebung bitten
wie um Alltägliches.
Vertrauen, daß dies alles geschenkt wird.
Danken.

Jürgen Schwarz (*1940)

Schenke mir eine gute Verdauung, Herr. Und auch etwas zu verdauen.

Schenke mir Gesundheit des Leibes mit dem nötigen Sinn dafür, daß ich ihn möglichst gut erhalte.

Schenke mir eine heilige Seele, die im Auge behält, was gut und rein ist, die sich nicht einschüchtern läßt vom Bösen, sondern Mittel findet, die Dinge in Ordnung zu bringen.

Schenke mir eine Seele, der die Langeweile fremd ist, die kein Murren kennt, kein Seufzen und Klagen, und lasse nicht zu, daß ich mir zu viele Sorgen mache um dieses Etwas, das sich so breit macht und sich »Ich« nennt.

Schenke mir den Sinn für freundlichen Humor. Gib mir die Gnade, einen Scherz zu verstehen, damit ich ein wenig Glück finde im Leben und anderen davon weitergebe.

Thomas Morus (1480–1535) zugeschrieben

Nur für heute

Nur für heute werde ich in der Gewißheit glücklich sein, daß ich für das Glück geschaffen bin.

Nur für heute werde ich nicht danach streben, die anderen zu kritisieren oder zu verbessern – nur mich selbst.

Nur für heute werde ich glauben – selbst wenn die Umstände das Gegenteil zeigen sollten –, daß Gott für mich da ist, als gäbe es sonst niemanden in der Welt.

Ich will mich nicht entmutigen lassen durch den Gedanken, ich müßte dies alles mein ganzes Leben lang durchhalten.

Heute ist es mir gegeben, das Gute während zwölf Stunden zu wirken.

Johannes XXIII (1881–1963), Dekalog der Gelassenheit

Bestehen

Letzte Entscheidungen

Meist ist es nicht
der entschlossene
Schritt aus der Reihe

nicht der vollkommene
Pinselstrich
nach langer Meditation

sondern die flüchtige
Antwort
zwischen Tür und Angel
dir abverlangt –

unerwartet
und unwiderruflich

Ludwig Steinherr (*1962)

Für Erwachsene

1. Du sollst ein Kind als das »höchste Gut« ansehen.
2. Du sollst ein Kind nicht zum Bild deiner selbst machen.
3. Du sollst Kindern mehr Freizeit gewähren.
4. Du sollst die Persönlichkeit eines Kindes achten.
5. Du sollst gegen Kinder nicht mit Gewalt vorgehen.
6. Du sollst das Vertrauen eines Kindes nicht zerstören.
7. Du sollst die Kinder vor dem Tod bewahren.

8. Du sollst die Kinder nicht zur Lüge verleiten.
9. Du sollst die Bedürfnisse eines Kindes anerkennen.
10. Du sollst den Kindern ihr eigenes Recht geben.

Leonhard Froese

Gewaltlos leben

1. Meditiere täglich die Lehre und das Leben Jesu.
2. Denke immer daran, daß die Gewaltlosigkeit als Ziel Gerechtigkeit und Versöhnung sucht, nicht Sieg.
3. Geh und sprich liebevoll, denn Gott ist die Liebe.
4. Bete täglich, Gott möge dich brauchen, damit alle Menschen frei werden.
5. Opfere persönliche Wünsche, damit alle Menschen frei werden.
6. Beachte im Umgang mit Freunden und Feinden die Regeln des Anstandes.
7. Suche den Mitmenschen und der Welt zu dienen.
8. Enthalte dich der Gewalt in Tat, Sprache und Gedanken.
9. Strebe danach, geistig und körperlich gesund zu sein.

Martin Luther King jun. (1929–1968)

Den Sinn des Lebens buchstabieren

Mein Leben lang muß ich den Sinn meines Lebens buchstabieren und von A bis Z die Worte reihen.

Arbeiten bis alle Glieder an mir schwer werden, damit wir es doch endlich einmal gut haben, Du und ich und alle Menschen; damit das große Fest doch endlich wahr wird, das als Traum in uns lebt; damit die Fesseln fallen, die uns binden an Tod und Not, an Neid und Streit.

Bücher lesen, die großen Bücher der Menschheit, mit meinen ganz persönlichen Fragen und mit dem Blick auf die Welt, damit die Erfahrungen der Geschichte fruchtbar werden für heute; damit wir nicht immer die gleichen Fehler wiederholen, Du und ich und alle Menschen.

Christ sein und mit jenem Menschen leben, der den Tod hinter sich gelassen hat und jetzt lebt in den Liedern der Kirche und in den Schreien der Armen, im Teilen von Brot und Wein, im offenen Herzen und in den Augen der Kleinen, in Dir und mir und in allen Menschen; damit wir mit unseren Händen das Leben greifen und die neue Welt berühren.

Dornen annehmen, weil sie ein Geheimnis hüten, das ich nicht verletzen darf, weil sich hinter ihnen die Unschuld des Lebens verbirgt, mit dem ich behutsam umgehen soll; damit wir niederfallen und das Leben anbeten, ich und Du und alle Menschen; damit Offenbarung geschieht, immer wieder.

Essen und Trinken, mit anderen zusammensitzen und kosten und singen und singen und kosten; spüren, daß in jedem Kraut und in jeder Frucht das Leben ist, für mich und Dich und alle Menschen; damit das Leben aufbricht aus der Tiefe der Erde und aus den kleinsten Dingen.

Freund sein dem, der mein Freund sein will, und es bleiben, auch wenn er mich verläßt; das Brot mit ihm teilen, die Gedanken und Gefühle und alles, was lebt; damit ein ewiger Bund entsteht, fester Halt im Hin und Her der Welt, ein Boden, auf dem wir stehen können, ich und Du und alle Menschen.

Gott suchen im Zwitschern der Vögel und jenseits der Wolken, in den aufgedunsenen Bäuchen hungriger Kinder und im Schrei der Völker, in allem, was sich ereignet auf allen Kontinenten; glauben, daß sich in allem der Ruf an Mose wiederholt: ich habe das Elend meines Volkes gesehen, geh und befreie es; damit die Welt in die Zukunft drängt, die mehr ist als eine geradlinige Fortentwicklung dessen, was wir jetzt sehen, ich und Du und alle Menschen.

Herz haben für die Armen und fühlen, denken, handeln als ihr Bruder, ihre Schwester; die Barmherzigkeit pflegen, eine Kultur des Herzens, in der die Liebe Macht und Herrschaft verdrängt und die Angst überwindet; das Herz sprechen lassen und seinem Drängen nachgeben; das Feuer entfachen, das alles verändert, mich und Dich und alle Menschen; damit die böse Macht der Mächtigen schwindet und die Leidenschaft für das Leben alles bestimmt.

Innerlichkeit suchen, nicht einfach als Selbstzweck, auch nicht, um eine eigene heile Welt zu finden, sondern gebunden an Not und Tod der Menschen; sich an Leiden und Schmerz ebenso bilden wie an Blumen und Bäumen; sich den Schrei der Armen zueigen machen, die Gebete der Ausgestoßenen in den Mund nehmen; damit wir uns nicht absondern, sondern als Teil der Welt verstehen, ich und Du und alle Menschen.

Jesu Worte trinken wie Wein, seine Taten essen wie Brot und mich vollsaugen von seinem Geheimnis; in ihm nicht das Ende sehen, sondern einen Auftrag, der mich betrifft, eine Kraft, die mich befreit zu eigenem Tun; damit die Welt aus ihrem Schlaf aufwacht und sich auf den Weg macht ins verheißene Land und wir dabei sind, ich und Du und alle Menschen.

Konflikte nicht fliehen, sondern dabei sein, geduldig und mit aller Kraft; das Kreuz der Welt anschauen und aufnehmen; mich nicht betrügen mit einer »heilen Welt«, sondern mich in das Leiden der Schöpfung mischen; unter dem Kreuz bleiben, es erleiden und wandeln zum Leben; mich am Aufstand beteiligen, den Jesus gegen den Tod angezettelt hat; damit Ostern wird für mich und Dich und alle Menschen.

Liebe in allen Formen als Erscheinung Gottes schätzen und preisen; sie nicht vermiesen lassen durch eine falsche, heuchlerische Moral; lieben und lieben lassen, mich und Dich und alle Menschen; damit der Name Gottes geheiligt wird und die Liebe alles in allem ist.

Mutter sein auch als Mann: empfangen, tragen und gebären, hegen, pflegen und bergen; das Leben über alles schätzen, in mir und Dir und in allen Menschen, auch in allen Pflanzen und Tieren, ja selbst im Stein; damit der Tod ein Ende hat und alle Tränen abgewischt werden.

Natur stehen lassen; ihr ihr Geheimnis lassen als Voraussetzung für Kultur; nichts als Unkraut, Unding, Unmensch betrachten, sondern als Kraut, Ding und Mensch, von denen jeder und jedes sein Daseinsrecht hat; in allem, was ist, den Bruder sehen oder die Schwester – wie Franz von Assisi damals; damit das Seufzen der Kreatur ein Ende hat und die Freiheit der Kinder Gottes anbricht für mich und Dich und alle Menschen.

Orte schaffen, wo man leben kann, eine Atmosphäre, in der man zuhause ist, Freiräume, in denen man sich bewegen darf, wie man will; die Wüste verdrängen, die Oasen ausdehnen, bis die ganze Welt bewohnbar ist und fruchtbar; damit die ganze Erde ein Land wird, in dem Milch und Honig fließen; damit das Lachen unseren Leib ergreift, meinen und Deinen und den aller Menschen.

Palaver suchen, Gespräche, nicht um rechtzubehalten, sondern um Einigung zu erzielen; nichts überstürzen, nichts aufdrängen, reden wie in Afrika; eine andere Form des Umgangs ausprobieren und den anderen gelten lassen; damit jeder sich spüren kann, ich und Du und alle Menschen.

Quellen erschließen, aus denen wir leben können, Du und ich und alle Menschen: die Bibel, die Zeugnisse des Glaubens, Franz von Assisi; die Menschen fragen, wonach sie Durst haben, und mit ihrer Antwort die Quellen nochmals befragen und immer wieder; entdecken, wie sie zum Fluß werden, zum Strom, der alles bewässert und fruchtbar macht; damit wir entdecken, daß keine Frage vergeblich ist und keine Sehnsucht ins Leere fällt.

Reich Gottes realisieren: Wunden verbinden, Kranke heilen, Einsamen Nähe schenken, Lahmen auf die Beine helfen, Verkrampfte lösen, Tote lebendig machen, den Armen Hoffnung geben, auch mir und Dir und allen Menschen; damit wir wissen, was Leben ist und wer Gott ist.

Sprechen von dem, was wichtig ist und verbindet; mit der Sprache Brücken bauen, mit Worten Stützpunkte errichten in einer fließenden Welt; schweigen können, damit das Wort trägt und Sinn bekommt für mich und Dich und alle Menschen; damit wir uns verstehen und lieben können.

Tote nicht abschreiben, sondern ihr Bild bewahren; sie einbeziehen in unsere Zukunft, weil sie Erben sind wie wir, wie ich und Du und alle Menschen; die Hoffnung auch für die Toten aufrecht erhalten und bezeugen – in einer Welt, die sich nur für die gerade Lebenden einrichtet; damit nichts verloren geht und auch die Vergangenen einbeziehen in die Gegenwart des Lebens.

Universale Gemeinschaft als Ziel verfolgen und das Leben ausrichten, daß alle Menschen und jede Kreatur von einem Tisch leben und das köstliche Brot und den feurigen Wein miteinander teilen; mich als Werkzeug verstehen für Frieden und Gerechtigkeit, für eine Welt, in der es keine Opfer mehr gibt, nur noch Beteiligte; damit alle leben, ich und Du und alle Menschen.

Vertrauen, daß der Kern des Menschen gesund ist und die Mitte der Welt geheilt und daß letztlich alles gesundet und heilt; mich einspannen lassen von der innersten Kraft der Geschichte, das Vertrauen fruchtbar machen in einem vollen Einsatz; damit Glaube, Hoffnung, Vertrauen nicht leere Worte bleiben, sondern erlebbar sind für mich und Dich und alle Menschen.

Wunder nicht ausschließen: alles ist möglich; mich einlassen auf die ungeahnten Möglichkeiten der Schöpfung, auf das Kleine und das Große, auf mich und Dich und alle Menschen; glauben, daß wir mit Gottes Kraft das Ende wenden in einen neuen Anfang und daß es ein Fest ohne Ende geben wird; damit wir jetzt schon alles tun, was möglich ist, und keine Zeit vergeuden.

X-mal verzeihen, um niemanden zu binden an vergangene Schuld; um die Geschichte zu unterbrechen und Anfänge zu ermöglichen; auch mir selbst vergeben, um ein anderer werden zu können; damit der Neue Bund wirklich neu ist für mich und Dich und alle Menschen.

Yoga und alle anderen religiösen Ausdrucksformen nicht unbedingt nachvollziehen oder anderen aufdrängen wollen, aber als Möglichkeiten und als geschichtliche Erfahrungen schätzen, als erprobte Wege der Gotteserfahrung; im Bewußtsein, daß es viele Wege gibt und nicht jeder für mich und Dich und alle Menschen gilt; damit eine Ahnung aufkommt von der Freiheit, die Gott will.

Zeichen suchen und setzen für Menschlichkeit, Gottes Liebe, eine andere Welt; alles ist Sakrament, Symbol, Hinweis, nichts steht allein, alles bewegt sich in einem großen Zusammenhang; mein Auge schulen, um zu sehen, meine Hand öffnen, damit etwas entsteht; damit das Ganze im Teil aufleuchtet und wir nicht verzagen, ich und Du und alle Menschen.

Anton Rotzetter (*1939)

Zehn Empfehlungen für die Zukunft

1. Wir sollen die Welt nicht so verlassen, als seien wir nicht da gewesen. Wir sollen sie schöner verlassen, als wir sie angetroffen haben.

2. Nichts auf dieser Welt ist nur für andere da, alles hat seinen Eigenwert. Er sollte geachtet werden.

3. Ich nehme mit Freuden in Empfang, was mir die Natur schenkt. Die durch sie gewonnene Kraft setze ich zum Wohle der Natur wieder ein.

4. Ich werde alles in meiner Kraft Stehende tun, um das Wasser rein zu halten, die Landschaft und den Boden zu schützen, die Vielfalt der Pflanzenwelt zu erhalten.

5. Ich werde alles in meiner Kraft Stehende tun, um Tiere zu schützen, ihnen ihre Würde als Geschöpfe Gottes nicht zu nehmen, die Vielfalt der Tierwelt zu erhalten.

6. Ich werde alles in meiner Kraft Stehende tun, um Abfall und Lärm zu vermeiden und Energie nicht zu verschwenden.

7. Kunstwerke sind wir, Kunstwerke eines Schöpfers. Ohne seine Kunst wären wir nicht entstanden. So lassen wir unsere Kunstfertigkeiten der Natur zugute kommen, daß sie Dinge zutage fördere, die ohne diese Kunst nicht entstünden.

8. Ich werde so arbeiten, daß dadurch das, was bisher war, besser wird. Ich werde meine Firma so leiten, daß dadurch der Reichtum der Menschen, die in ihr arbeiten, und der Reichtum der Natur, die wir verwenden, gefördert wird.

9. Ich werde, wo immer mir das möglich ist, ein Gut, das seinen Gebrauchswert eingebüßt hat, seiner Wiederverwertung zuführen.

10. Nicht alles frommt, was machbar ist.

Jürgen Schwarz (*1940)

Zehn Empfehlungen für Älter-Werdende

1. Wisse, daß jüngere – verwandte oder dir sonst liebe – Menschen das Recht und die Pflicht haben, ihre eigenen Wege zu gehen und ihre besonderen Erfahrungen zu machen.

2. Sie sind nicht dein Besitz, und du bist Ihnen auch nicht zum Vorbild gesetzt. Halte dich deshalb zurück mit deinen Weisheiten und übertriebenen Zuneigungen.

3. Wisse, daß jede Bindung an deine Person nicht von Dauer sein kann und im übrigen der persönlichen Entwicklung abträglich ist. Nimmt dich aber jemand zum Vorbild, sollst du

es nicht abwehren, doch mit der gebührenden Einsicht in die eigenen Beschränkungen eingrenzen.

4. Jedes Alter hat seine Zeit. Diese ist immer kostbar und knapp. Fühlst du dich vernachlässigt von Jüngeren, freue dich darüber. Du hast mehr Zeit für dich, die du sinnvoll dir und anderen zunutze machen kannst. Plane einen Besuch, schreibe einen Brief, tätige einen Anruf. Halte den Vorwurf aus deiner Stimme fern, denn du hast kein Recht auf die Zeit des andern. Entwickle ein Gefühl dafür, wann Kontakte passen und gewünscht sind; akzeptiere ohne Entrüstung, wenn das nicht der Fall ist.

5. Wisse, daß Zeichen von dir geschätzt werden. Versenke dich in die Wunschwelt des anderen. Verschenke nicht teuren Plunder oder etwas, was du nicht mehr brauchen kannst. Schenke Qualität in kleinen Kostbarkeiten.

6. Erinnere dich hin und wieder deiner Jugendzeit. Auch dir ist es mit den Älteren nicht anders gegangen. Sei nachsichtig.

7. Wisse, daß du keine Erziehungsverantwortung für deine Enkel trägst. Versuche nicht, an ihnen nachzuholen, was du vielleicht an deinen Kindern versäumt hast. Erziehe deine Kinder nicht nachträglich über deine Enkel. Es reicht, wenn du für sie da bist, ihnen zuhörst, ihre Fragen – so gut du kannst und mit aller Offenheit – beantwortest und für sie, wenn sie es wünschen, Geheimnisträger bist. Jede finanzielle oder materielle Transaktion, die den Rahmen des üblichen sprengt, sollst du unbedingt mit den Eltern deiner Enkel absprechen.

8. Im übrigen gilt grundsätzlich, was du auf Seite (115) unter »Für Erwachsene« lesen kannst.

9. Sei dankbar, wenn Jüngere dir aufmerksam und voller Interesse begegnen. Zeige dich ihres Vertrauens würdig.

10. Begleite Jüngere, wenn Sie es wünschen, gelassen und heiter; traue Gott zu, daß er ihnen das Beste zukommen lassen will; wende ihnen dein zärtliches Mitdenken zu und umgebe sie mit selbstverständlicher Liebe.

Jürgen Schwarz (*1940)

Befreunden

Von der Freundschaft

Ich habe Dir in der vorigen Lektion die Feindschaft erklärt, und wie man dazu gelangen könne, und wann ein ehrlicher Kerl sie nicht scheuen müsse. Heute von der Freundschaft. Von der spricht nun einer: sie sei überall; die andre: sie sei nirgends; und es steht dahin, wer von beiden am ärgsten gelogen hat.

Wenn Du Paul den Peter rühmen hörst; so, wirst du finden, rühmt Peter den Paul wieder, und das heißen sie denn Freunde. Und ist oft zwischen ihnen weiter nichts, als daß einer den andern kratzt, damit er ihn wieder kratze und sie sich so einander wechselweise zu Narren haben; denn wie Du siehst, ist hier, wie in vielen andern Fällen, ein jeder von ihnen nur sein eigner Freund und nicht des andern. Ich pflege solch Ding »Holunder-Freundschaften« zu nennen. Wenn du einen jungen Holunderzweig ansiehst, so sieht er fein stämmig und wohl gegründet aus; schneidest du ihn aber ab, so ist er inwendig hohl und ist so ein trocken schwammig Wesen darin.

So ganz rein geht's hier freilich selten ab, und etwas Menschliches pflegt sich wohl mit einzumischen, aber das erste Gesetz der Freundschaft soll doch sein: daß einer des andern Freund sei.

Und das zweite ist, daß Du's von Herzen seist und Gutes und Böses mit ihm teilest, wie's vorkömmt. Die Delikatesse, da man den und jenen Gram allein behalten und seines Freundes schonen will, ist meistens Zärtelei; denn eben darum ist er Dein Freund, daß er mit untertrete und es Deinen Schultern leichter mache.

Drittens laß Du Deinen Freund nicht zweimal bitten. Aber, wenn's not ist und er helfen kann, so nimm Du auch kein Blatt vors Maul, sondern gehe und fordre frisch heraus, als ob's so sein müßte und gar nicht anders sein könnte.

Hat Dein Freund an sich, das nicht taugt; so mußt Du ihm das nicht verhalten und es nicht entschuldigen gegen ihn. Aber gegen den dritten Mann mußt Du es verhalten und entschuldigen. Mache nicht schnell jemand Deinen Freund, ist er's aber einmal, so muß er's gegen den dritten Mann mit allen seinen Fehlern sein. Etwas Sinnlichkeit und Parteilichkeit für den Freund scheint mit zur Freundschaft in dieser Welt zu gehören. Denn wolltest Du an ihm nur die wirklich ehr- und liebenswürdigen Eigenschaften ehren und lieben, wofür wärst Du denn sein Freund; das soll ja jeder wildfremde unparteiische Mann tun. Nein, Du mußt Deinen Freund mit allem, was an ihm ist, in Deinen Arm und in Deinen Schutz nehmen; das *Granum Salis* versteht sich von selbst, und daß aus einem Edlen kein Unedles werden müsse.

Es gibt eine körperliche Freundschaft. Nach der werden auch zwei Pferde, die eine Zeitlang beisammen stehen, Freunde und können eins des andern nicht entbehren. Es gibt auch sonst noch mancherlei Arten und Veranlassungen. Aber eigentliche Freundschaft kann nicht sein ohne Einigung; und wo die ist, da macht sie sich gern und von selbst. So sind Leute, die zusammen Schiffbruch leiden, und die an eine wüste Insel geworfen werden, Freunde. Nämlich das gleiche Gefühl der Not in ihnen allen, die gleiche Hoffnung und der eine Wunsch nach Hilfe einigte sie; und das bleibt oft ihr ganzes Leben hindurch. Einerlei Gefühl, einerlei Wunsch, einerlei Hoffnung einigt; und je inniger und edler dies Gefühl, dieser Wunsch und diese Hoffnung sind, desto inniger und edler ist auch die Freundschaft, die daraus wird.

Aber, denkst Du, auf diese Weise sollten ja alle Menschen auf Erden die innigsten Freunde sein? Freilich wohl! und es ist meine Schuld nicht, daß sie es nicht sind.

Postskript. Es gibt einige Freundschaften, die im Himmel beschlossen sind und auf Erden vollzogen werden.

Matthias Claudius (1740–1815)

Findest du einen Menschen, der ruhig ist,
der mit der Gegenwart des Geistes,
mit wahrer Teilnehmung,
mit stillem Bedürfnis hören kann,
der dich nicht leicht unterbricht,
der nicht zwei Fragen auf einmal tut,
die Antwort auf eine gelassen abwartet,
der nicht vorwärts, nicht zurück greift,
dessen Blick dich nicht geflissentlich fixiert
und niederschlägt und dem deinigen
nicht geflissentlich ausweicht
und in demselben Grade unnachlässig
und unangespannt ist, so denke,
einen Schatz im Acker, eine Perle gefunden zu haben.

Johann Kaspar Lavater (1741–1801)

Der Rat der Alten an die Jugend

Töte und beleidige deinen Nachbarn nicht, denn du verletzt nicht ihn, sondern dich.

Aber tue ihm Gutes und vermehre ihm die Tage seines Glücks, wie du die eigenen dadurch vermehrst.

Tu deinem Nachbarn kein Unrecht an und hasse ihn nicht, denn du schädigst nicht ihn, sondern dich selbst.

Liebe ihn, denn Manitu liebt ihn, wie er dich liebt.

Aus der Shawnee-Siedlung Alt-Piqua am Ohio

Zehn Regeln für das friedliche Streiten

1. Dein Gegner ist nicht dein Feind.
2. Versetze dich in die Lage deines Gegners.

3. Verliere das Gemeinsame und das Verbindende nicht aus dem Auge.

4. Streite offen, lege Spannungen frei, gib Feindseligkeiten einen Namen.

5. Bleibe bei der Sache, frage nach, laß dir erklären, was du nicht verstehst, antworte erst, wenn du ein Argument verstanden hast.

6. Ziehe keine fremden Autoritäten heran, wärme nicht alte Geschichten auf.

7. Belehre nicht, sondern räume dir das Recht zu lernen ein.

8. Angst ist ein schlechter Ratgeber. Laß dich überprüfen, helfe dem andern, aber laß dir auch helfen. Entwickle eine Atmosphäre des Vertrauens.

9. Strebe Lösungen an, sei kompromißbereit, laß dir Zeit.

10. Lege deinen Zorn ab, wenn das Gespräch zuende ist; halte dem anderen die Hand des Friedens hin, auch wenn er sie nicht ergreifen will; gebe ihm und dir Zeit, auch wenn noch keine Lösung gefunden ist.

Jürgen Schwarz (*1940)

Mach aus Gott nicht
dein Kopfkissen,
noch aus dem Gebet
dein Federbett

Helder Camara (*1909)

Gehen

Wenigstens nachts
lass dein Herz ruhen ...
Wenigstens nachts
hör auf zu rennen;
besänftige die Wünsche,
die dich verrückt machen;
versuch,
deine Träume schlafen zu lassen.
Gib dich preis,
Leib und Seele,
gib dich preis,
endgültig,
ohne Rückhalt,
in Gottes Hände!

Helder Camara (*1909)

Zehn Bitten für die letzten Stunden

1. Laß nicht zu, daß ich entwürdigt werde. Wenn möglich, laß mich in der mir vertrauten Umgebung heimgehen.

2. Bleibe bei mir, wenn du kannst. Ertrage, so gut es geht, meine Reaktionen. Sterben ist manchmal eine Zeit der Heimsuchung. Angst kann uns begegnen, Zweifel, Zorn, Trauer über so vieles, was noch zu tun wäre, was vielleicht versäumt worden ist. Bleibe bei mir.

3. Mach es mir leichter, wenn du mit mir sprichst. Zeige mir, daß du ohne mich fertig wirst. Mitleid ist untauglich. Wie wirst du dein Leben künftig einrichten? Wirst du Reisen unter-

nehmen? Welche Freunde wirst du besuchen? Sprich darüber, es ist nicht herzlos. Du läßt mich an deinem künftigen Leben teilhaben.

4. Finde die Worte, aus denen ich gelebt habe, wenn ich nicht mehr sprechen kann. Vielleicht ein Kinderlied, vielleicht ein Bibelvers, vielleicht ein Gedicht. Versuche dich zu erinnern, was mir Kraft gab, was mich zum Lachen brachte.

5. Schweige mit mir, wenn die Zeit gekommen ist. Nimm meine Hand. Sie wird zu dir sprechen. Streiche meine Decke glatt, wisch mir den Schweiß aus dem Gesicht. Diese Zeichen sollen zwischen uns sprechen.

6. Lege mir, wenn mein allerletztes Stündlein vorbei ist, die Kleidung an, in der ich mich wohl und festlich gefühlt habe. Ich bin nun auf meiner letzten Reise und will es mir gutsein lassen dabei. Vor mir liegt ein wichtiger Empfang, ich will nicht zu auffällig gekleidet sein, gerade so, wie es einem Pilger gemäß ist. Es soll mir recht sein, wenn ich die Dinge zur Hand habe, die ich auf meiner Wanderschaft immer geschätzt habe: den Stock, den Beutel und die Mütze.

7. Wenn sich meine Seele erhebt und den Körper zurückläßt, dann öffne die Fenster. Stell mir, wenn es die Jahreszeit erlaubt, einen Strauß der Blumen auf den Tisch, die ich so geliebt habe; laß meine Seele noch ein wenig die Musik genießen, die mir nahe war, vielleicht ein wenig Mozart und natürlich Feidmann, das paßt zusammen. Sprich, wenn du magst, noch ein wenig mit mir, bevor die Geschäftigkeit dich gefangen nimmt. Sage noch einmal mir, allein mir, was uns verbunden hat. Bewahre den Ton dieser Stunde.

8. Klage, wenn du Grund zu klagen hast, aber klage nicht an. Dazu war Zeit, solange ich da war. Jedem ist sein Maß zugemessen, und das meine ist nun erfüllt. Laß die Ehrenbezeichnungen auf den Anzeigen, sie erreichen mich nicht mehr. Sage dem Pfarrer, er möge laut, langsam und mit kräftigen Worten sprechen – aber nicht länger als 10 Minuten. Wie oft habe ich schlechte, lange Predigten hören müssen. Ich hinter-

lasse ihm ein Wort, an das er sich halten soll; ich wünsche mir, daß die Ansprache allen Anwesenden Lebensmut gibt.

9. Laß dir Zeit zum Trauern. Erinnere dich der gemeinsamen Stunden, erfreue dich an gemeinsamen Entdeckungen, weine und klage über Schmerzliches. Dies alles darf sein. Aber versinke nicht in deiner Trauer. Suche die Dinge zusammen, die du gerne los sein willst; bewahre nichts aus müßiger Pietät, was dich hindern könnte, dein weiteres Leben in aller Entfaltung zu leben. Wenn es möglich ist, verschenke die Dinge, die mir wichtig waren, an Leute, die damit was anfangen können. Es ist dein Leben, lebe es.

10. Schaffe dir ein Nebenamt, das dich erfüllt, suche dir eine Aufgabe, die dir und vielleicht anderen Freude bereitet. Diese Welt ist reich an Schätzen, die gehoben werden wollen. Es liegt an dir, damit zu beginnen.

Jürgen Schwarz (*1940)

Zusammenwachsen

Mach dir keine Sorgen
um meinen Tod

Ich werde
auch unter der Erde
leben

Sie nimmt mich auf
hält mich
in ihrem Atem

Wir wachsen
zusammen

Rose Ausländer (1907–1988)

Fünftes Kapitel

Komm in das Haus meiner Wünsche

Auskünfte

Dieses Buch ist eine Anthologie. Wie jede vergleichbare Sammlung ist sie bis zu einem gewissen Grad aphoristisch und fragmentarisch. »Wer Aphoristik macht, ohne daß wir sein Leben kennen, gibt nichts als die obersten Blumentöpfe, so wie Kinder sie abrupfen, keine Wurzeln dran, welche die Blüten nähren, keine Erde dazu, und die bunten Blumentöpfe bleiben eine Verblüffung, die bald verdorrt« (Max Frisch, Tagebuch 1946–1949. Suhrkamp Verlag, Frankfurt/M. 1962, 119). So will ich – in Maßen – einige Auskünfte geben.

1. »Mütterlicherseits / waren sie Hugenotten«, hebt ein Gedicht von Eva Zeller an (Ein Stein aus Davids Hirtentasche. Gedichte. Verlag Herder, Freiburg 1993,34f). So könnte ich beginnen, wenngleich die Hugenotten in meiner Familiengeschichte weniger oft bezeugt sind als die Salzburger. Sie, die dem Großen Kurfürsten Ostpreußen kultivierten, begleiteten mich durch meine Kindheit, vorneweg einer ihrer berühmtesten, Baumeister Langhans, der – wie mein Großvater, ein geborener Langhans, beiläufig einzuflechten pflegte – das Brandenburger Tor entwarf und baute nebst anderen bemerkenswerten Gebäuden in Berlin und Umgebung. Ich lauschte, wie Kinder Märchen lauschen, den schier unglaublichen Geschichten von Menschen, die von ihresgleichen gezwungen wurden, binnen weniger Stunden ihre Heimat zu verlassen – oder ihrem ketzerischen Glauben abzuschwören. Das Ketzerische dazumal war das Protestantische, wie es heute in Bosnien das Muslimische ist – und damals wie heute traf dieses Urteil insofern zu, als Menschen nicht bereit waren, einmal im Herzen *Erkanntes* um des schnöden Gewinns der eigenen vier Wände preiszugeben.

Für den Erzähler schien das alles durchaus nicht in weiter Ferne zu liegen, war er doch – mit Kind und Enkelkindern –

gerade seiner ostpreußischen Heimat verlustig gegangen. Heute erscheint mir die Geschichte meiner Vorfahren wie eine Parabel auf die vielen, um ihrer Überzeugung willen Vertriebenen in diesem Jahrhundert der Flüchtlinge. Der Leser wird verstehen, wenn ich frage, ob denn Menschen, denen ein solches Schicksal bisher – gottlob – erspart geblieben ist, überhaupt befugt sind, das Grundrecht auf Asyl in unserer Verfassung dermaßen zu verkürzen, daß man sich fragen muß, wer dieses Recht, bzw. das, was davon übriggeblieben ist, überhaupt noch in Anspruch nehmen kann? »Asylanten sind wir / auf der Erde. / Bleiberecht gilt nur / für kurze Zeit. // Abgewiesen / unsere Beschwerde. / Abgeschoben wir / zur Nicht-Ich-Keit« (Olly Komenda-Soentgerath (*1923), Erst wenn die Boten kommen. Heiderhoff Verlag, Eisingen 1992,92).

2. *Komm in das Haus meiner Wünsche* ist ein persönlicher Titel. Deshalb erhebt das Buch keinen anderen Anspruch auf allgemeines Interesse als den, jene anzuregen, die in ihm auf Spuren ihres Weges stoßen. Es geht mir ums *Erinnern* als Grundfigur des Lebens.

Wir leiden an der Krankheit des Vergessens. Für die Hebräer ist Vergessen ein Grundübel, das abschneidet von lebenswichtigen Grundlagen. Es macht den Menschen unfähig *zu erkennen.* Die Generalanklage des alttestamentlichen Profeten Hosea lautet: »Hurengeist beseelt sie, weil sie das rechte Wissen nicht besitzen« (5, 4). »Es vergaß Israel seinen Schöpfer und baute Paläste. Juda häufte die festen Städte. So sende ich Feuer in ihre Städte, das frißt ihre Burgen« (8, 14). In archaiischer Sprache wird erinnert an den immer neuen Versuch des Menschen, ohne »Wissen«, ohne Vergangenheit zu leben – in diesem Fall der Priester, die Träger des verlorenen Wissens sind (vgl. Hans Walter Wolff, »Wissen um Gott« bei Hosea als Urform der Theologie, 1953).

Wenn wir *kennen,* wer wir sind und woher wir kommen, wächst das *Erkennen,* warum und wie wir unterwegs sind und wohin wir wollen. Vergessen wir unsere Anfänge, gleichen wir Menschen, die das Gehen einmal gelernt haben, nun aber nicht mehr wissen, wozu sie ihr Füße haben. Sie stolpern, sie sind unsicher, sie fallen vielleicht oder bleiben erschreckt stehen und wissen nicht, welcher Schritt als nächster zu tun wäre. Der Punkt, auf dem sie stehen, ist kein Ausgangspunkt mehr, von dem aus sie weitergehen könnten. Er ist zum Standpunkt geworden. Er macht nicht selten unbeweglich.

Seit Jahren widme ich mich dem Forschungsgegenstand *Gehen*. Es ist in unserem Zeitalter der hohen Geschwindigkeiten für das Leben unaufgebbar, am Gehen festzuhalten, bzw. besser noch: es wieder in Gang zu bringen, wenn wir nicht körperliche und seelische Schäden davontragen wollen. Die Körper- und Geisteshaltung des Sitzens kann und muß ausgeglichen werden. Darüber finden Sie Texte in diesem Buch.

3. Auf die Themen *Gehen* und *Leben in partnerschaftlichen Beziehungen* trifft der Leser schon früher in meinen Veröffentlichungen. Vor einem guten Jahrzehnt, an einem Grenzpunkt meines Lebens, habe ich *Lebensregeln* (für den Alltag) veröffentlicht (1981). Das Buch fand freundliche Aufnahme, auch unter jungen Leuten, und einen guten Absatz. Es war bald vergriffen. Zu einer Neuauflage konnte ich mich aus persönlichen Gründen nicht entschließen.

Ein Jahr später erschien *Grenzen überschreiten* (1982). Ich versuchte, am Beispiel des Menschen Jesus zu zeigen, was in Bewegung geraten kann im Leben von Menschen, wenn einer die Tradition des Erinnerns ernstnimmt, und wie sich dadurch die Welt verändert. Auch dieses Buch ist vergriffen.

Wenn ich nun ein Buch mit *Wegweisungen und Glückwünschen* vorlege, das die Inhalte der genannten Bücher aufgreift, so ist zunächst signifikant, daß das Buch-Format kleiner geworden ist und die Umfänge sich veringert haben. Das mag mit den mir zugewachsenen Jahren zusammenhängen. In der Fülle der versammelten Erfahrungen wird mehr verzichtbar.

Mir ging es nicht darum, ein »Buch der schönen Augenblicke« vorzulegen, wie es ein 1987 erschienenes Glücksbüchlein etwas vollmundig verspricht. Ich wollte auf einige fast vergessene Schätze aufmerksam machen und auf die Orte, an denen sie zu finden sind. Das subjektiv Wesentliche soll sprechen. Ich wollte zugleich der falschen Hoffnung wehren, es würde sich alles schon so oder so – im Zweifelsfall durch das Eingreifen eines »höheren Wesens« – »irgendwie« wenden, wenn *wir* uns nicht ändern. *Günter Anders* (1902–1992) hat dies unaufdringlich immer wieder gesagt, unter den Literaten der von mir geschätzte *Günter Kunert* (*1929), zuletzt in seinem schönen Buch *Die letzten Indianer Europas* (Kommentare zum Traum, der Leben heißt. Hanser Verlag, München 1991).

Ich habe beim Schreiben und Auswählen immer *Das Ende* im Blick gehabt – so der Titel eines Traktates von *Gregory Fuller* (1946), (Von der heiteren Hoffungslosigkeit im Angesicht der ökologischen Katastrophe. Amman Verlag, Zürich 1993). Hier wird mit wünschenswerter Klarheit ein Situationsbericht erstattet. »Weglaufen ist sinnlos« (92), schreibt er. »Ich fordere nichts als die absolute Ehrlichkeit und ein wenig Mut« (93). »Wer nach Sinn fragt, soll lernen, den Kleinen Sinn, den Sinn im verbliebenen Alltag zu suchen und zu finden. Der Große Sinn war in jedem Fall nur unsere subjektive Projektion« (98). Es ginge um die letzte Würde, um die Bewahrung eines »Restfunkens von Anstand im Angesicht der Verwüstung unserer Welt« (116). Planetarische Gewissensbildung sei angesagt (125).

Eben dieses hatte *Ernst Lange* 1971 in seiner ökumenischen Studie *Leben im Wandel* gefordert (Überlegungen zu einer zeitgemäßen Moral), die ich editorisch betreuen und verlegen durfte. Nach mehr als 20 Jahren kann ich mich der bitteren Einsicht nicht verschließen, daß dieser Aufruf – auch in den Kirchen, für die er verfaßt war – ohne Echo geblieben ist. »Es ist bereits aller Tage Abend« (Fuller, 126).

4. Gegen jede Anthologie mag man einwenden, Wesentliches fehle. Das ist so, ist nicht zu ändern, macht zuweilen ihren Reiz aus und ist im übrigen nicht schlimm. Lebensregeln bewähren sich unterwegs. Im Grunde genommen genügt eine einzige, die für *mich* richtige. Wenn man mich fragen sollte, was bringen diese Lebensregeln, so antworte ich mit *Leonardo da Vinci* (1452–1519), »daß sie die Erfinder und Forscher in Zaum halten, so daß sie sich selbst und anderen keine unmöglichen Dinge versprechen, und so in den Ruf von Narren und Betrügern kommen« (Codex Atlanticus 1480–1518, 337 1.6).

Seit meinen buchhändlerischen Lehrjahren, vollends aber seit meiner theologischen Ausbildung bin ich mir des Fragmentarischen dessen, was ich tue, bewußt. Das ist im Grunde nicht weiter zu kommentieren. Da aber auch schon früher an meinen Büchern bemängelt worden ist, daß nicht mehr biblische Texte zitiert werden – sozusagen als End- und Schlußpunkte –, einige Sätze dazu.

Zunächst: ich denke es ist meinem Lebensweg angemessen, wenn ich in diesem Buch zeige, wie biblische Wege gegangen werden können in säkularer Zeit ohne biblische Zitatbelege. Wer die zurückhaltende Zwischenüberschriften anhand einer biblischen Konkordanz überprüft, wird herausfinden, daß ich hier von alter Zeit her vorgegebene, in meiner Biographie im übrigen aber beheimatete Themen buchstabiere.

Sodann widerstehe ich dem – oft so beliebigen – Zitieren biblischer Texte, wo immer ich kann – grundsätzlich und überzeugt. Es entspricht nicht der Tradition biblischen Erinnerns. Ich wünschte mir, daß Menschen zurückfinden zur Tradition des Psalm 1, dem beständigen Murmeln, von dem der Dichter dieses Psalms spricht. So sollten Bibeltexte gelesen werden – im Zusammenhang des Buchs der Bücher, nicht als benutzte Literatur. Wer solches im Verlag am Eschbach sucht, wird es finden!

Als jemand, den es aus den heimatlichen religiösen Flurstücken vertrieben hat wie weiland seine Vorfahren, wollte ich auf wenig spektakuläre Weise durch die ausgewählten Texte zeigen, daß ich mir dennoch meines Ursprungs gewiß geblieben bin, und so anderen, denen es ähnlich geht, Mut machen, sich ihren Glauben nicht ausreden zu lassen.

5. Vor Jahren las ich einen kleinen Text von Hilde Domin (*1912), nichtsahnend, daß er nur der Anfang eines längeren Exilgedichtes der Autorin ist. Er hat mich sehr berührt und seitdem begleitet. Ihm ist der Titel dieses Buches entnommen, an einer Stelle wurde der Wortlaut – signifikant – verändert.

Da an diesem Gedichtzitat beispielhaft dargestellt werden kann, auf welche Fährten ein Leser gesetzt wird, dem ein dem Sinne nach unvollständiges Zitat zugemutet wird, will ich zunächst beschreiben, wie es mir beim Lesen dieses Fragments ging. Der Text lautete so:

Liebster, ich lade dich ein,
komm in das Haus unsrer Wünsche
und häng deinen Hut an die Wand,
den Hut mit dem kleinen Schußloch.
Denn ich habe das Haus
ganz nach deinem Befehle gebaut.
Es ist alles darin, was wir brauchen.
Der blaue Himmel der Tropen,
die leichte Luft von Madrid,
doch ohne den lästigen Wind, der
dir die Papiere zerzaust.

Von den fernen Tropen ist die Rede, von der leichten Luft von Madrid. »Urlaubsparadies« fällt einem ein – wenn da nicht das Schußloch wäre, das kleine, im Hut an der Wand.

Partisanenlyrik hatte ich an den Rand geschrieben – und eine Leserin meiner Notizen fand das doch sehr störend. Dahin war die Urlaubsstimmung. Gleichwohl: sind unsere Wünsche und Träume, gar ein »Haus unsrer Wünsche«, in dieser unserer Zeit denn anders zu erlangen als auf Partisanenweise?

Hilde Domin hat viele Jahre im Exil leben müssen, verfolgt von denen, die sie greifen und morden wollten. Sie wollte daheim sein und mußte in die Fremde fliehen, eine andere

Sprache sprechen und in ihr schreiben lernen. Auch darin hat sie das Schicksal ihres jüdischen Volkes geteilt. Doch nie hat sie den Wunsch fahren lassen, eines Tages dieses Haus zu bauen als Gegenpol zu den Kerkern der Vernichtung.

Die Dichterin lädt ihren Liebsten ein. Nach »*unsren* Wünschen« habe ich das Haus gebaut, sagt sie. Wie schwer ist es schon unter friedlichen Verhältnissen, die je verschiedenen Wünsche von zwei Menschen auf den Nenner eines Hauses zu bringen – wer wüßte das nicht, der schon einmal ein Haus gebaut hat oder eine Wohnung einrichten durfte! Nun aber ist es geschafft, nach vielen »Fahrten unter dem blauen Himmel der Tropen«. Was verloren schien, der Ort der Geborgenheit, ist fertiggestellt »ganz nach deinem Befehle«. Nun kann die Kopfbedeckung, der Partisanenhut, an die Wand gehängt werden. »Da wo mein Hut hängt, bin ich zuhaus«, singt Udo Lindenberg in unseren Tagen. Das Schußloch dient der Erinnerung an böse Tage. Nun kann sich der Liebste der Arbeit zuwenden, für die er sich einstens hat ausbilden lassen: in die Tiefe zu graben, die archaischen Weisheiten zu Tage zu fördern und für die Nachwelt aufzuzeichnen, ohne befürchten zu müssen, daß die »lästigen Winde« die Papiere zerzausen.

6. So dachte ich. So habe ich das Gedicht damals verstanden – durchaus, meine ich, gedeckt durch die Lebensgeschichte des Ehepaars Palm-Domin (vgl. Hilde Domin, Aber die Hoffnung. Autobiographisches aus und über Deutschland. Serie Piper 703. Piper Verlag, München 1987[3]). Doch was ich las, war ein Fragment. Das ganze Geicht lautet:

ICH LADE DICH EIN
Liebster, ich lade dich ein,
komm in das Haus unsrer Wünsche
und häng deinen Hut an die Wand.
den Hut mit dem kleinen Schußloch.
Denn ich habe das Haus
ganz nach deinem Befehle gebaut.
Es ist alles darin, was wir brauchen.
Der blaue Himmel der Tropen,

die leichte Luft von Madrid,
doch ohne den lästigen Wind, der
dir die Papiere zerzaust.
Die Zimmer sind im gobelinweichen Grün
der Hänge von Heidelberg gestrichen.
Ich geb dir die alte Brücke als Bett,
mit einer Latexmatratze darauf.
Es riecht nach Glyzinien
der Via Monte Tarpeo.
Marc Aurel ist wieder unser Portier.
Des Abends vergoldet die Sonne den Tiber,
dann singt uns die Nachtigall am Palatin.
Danach gehen wir in die Kammerspiele,
in die Scala oder Old Vic,
oder sehn den großen Barrault,
ob Paris ihn gerade mag oder nicht.
Du hast immer Zeit,
und es fällt dir was ein, wenn du Zeit hast.
(Die Schreibmaschine kopiert von allein.
völlig geräuschlos, versteht sich.)
Und was du schreibst,
wird im ersten Monat gedruckt
und sofort darauf rezensiert
und gefällt dir und den andern, und das mit Recht,
denn es ist bahnbrechend, einfach und gut
und zur richtigen Stunde gesagt. –
Und für die Flauten schreibt Händel
dir neue Concerti Grossi,
weil du die alten schon kennst,
und der tote Busch dirigiert.
Dann ißt du gebratene Enten
und Frühlingssalat aus Florenz.
Wir spülen nie. Die Teller
werfen wir zum Fenster hinaus,
wie in Rom in der Neujahrsnacht.
Sei unbesorgt, sie fallen
niemand auf den Kopf,
denn unten ist keine Straße.
Deswegen ist's auch so ruhig,
und nichts stört deinen Schlaf
(und morgens bleibt dir nie
ein weißes Haar an der Bürste).
Dabei sind die Oper und das Kino
mit ausgewähltem Programm
gleich um die nächste Ecke,
und dort stehen auch die Museen.

Die frühen Kulturen sind gut vertreten,
die fernöstliche Sammlung ist exquisit,
und ein Wiener Café in der Nähe.
Dort sehen wir rasch die Zeitungen durch,
sie sind, wie immer,
empörend interessant,
nur ist alles viel weiter weg.
Wir lesen mit kopfschüttelndem Entsetzen,
wie die Schwalben vom Himmel fallen
nach den Atomexplosionen
auf einer anderen Erde.
Dann gehn wir nachhause, und du schläfst Siesta,
und für mich steht bei der Terrasse ein Baum
mit dem unentbehrlichen grünblauen Muster.
Wir arbeiten viel,
und wir lachen noch mehr,
und wir haben reizende Gäste
– wer käme nicht gern in das Haus? –
denen liest du in allen Sprachen,
am liebsten auf deutsch,
das Geschriebene vor.
Dann fahren wir zusammen zu Martha Graham
oder zum Negerballett von Port-au-Prince,
oder machen einen kurzen Mondscheinspaziergang
in den Löwenhof der Alhambra.
Der Briefträger, mein Herz, kommt pünktlich
zum Frühstück,
gleich nach dem blauweißen Gruß
der kleinen Möwen über der See,
und bringt Liebesbriefe von deinem Verleger
und Angebote von Stellen, die du nicht brauchst.
Denn du hast, was du wünschst,
und du tust, was du magst.
Und du tobst nur ganz selten,
damit ich behalte, wie gut du es kannst,
und bist viel geduldiger als sonst.

Liebster, nimm deinen Hut von der Wand,
den Hut mit dem kleinen Schußloch,
und geh auf ein Wohnungsbüro, ich bitt dich,
und sieh,
was sie uns anbieten können.
Sonst stürz ich mich noch aus dem Fenster
dieses Hauses, das es nicht gibt.

Und das Fenster, glaub mir, ist hoch.

Der Inhalt ist klar und deutlich. Er braucht nicht erläutert werden. Ich halte das Gedicht für eine bedrängende Beschreibung des Flüchtenden, des Asylsuchenden in unserem Jahrhundert.

Wenn in diesem Buch vom *Haus*, von der *Liebe*, vom *Glück* und vom *Gehen* gesprochen wird, dann sollte eben das in uns gestärkt werden, was heil macht. So und nur so werden *wir* – wer sonst? – nicht vergessen, was für *uns* zu tun ist, wenn Menschen auf der Flucht sind. Politische Programme erschöpfen sich in wohlklingenden Erklärungen, während die UNO-Flüchtlingshilfe kurz vor ihrem finanziellen Kollaps steht. Es ist schon längst nicht mehr die Gruppe, es ist der einzelne, der die Welt aus den Angeln heben kann. Also tun wir es!

7. Einige Texte verstehen sich von selbst, wenn sie *laut* gelesen werden. Manches Lesestück verträgt es nicht nur, sondern wünscht sich geradezu, *vorgelesen* zu werden. Ich hatte bei der Auswahl manche(n) Kunden(in), manche(n) Autor(in), manchen Freund vor Augen, die aufmerksam wahrgenommen haben, was während ein Dutzend von Jahren in Eschbach entstanden ist und uns zuweilen allerbeste Hinweise gegeben haben, wie wir unsere Arbeit noch besser tun könnten. Ihnen ist zu danken. Auch den Kolleginnen und Kollegen, die das Risiko des unbekannten Weges jahraus, jahrein getragen haben; den Kindern, den eigenen, den zugewachsenen, die anregen, auf Neues aufmerksam machen, zum Wagnis ermuntern; ihnen waren die ersten Lebensregeln gewidmet, an diesem neuen Buch konnten sie bereits unmittelbar mitarbeiten (Zeichnungen). Schließlich danke ich meiner Frau; sie ist mit mir unwegsame Wege durch viele Jahre gegangen, ermutigend, kritisch, solidarisch. Allen gebe ich als letztes ein Gebet von Martin Gutl (*1942) mit auf den Weg: »Vater der Schmetterlinge, / Vater der Gazellen, / Vater der Menschen, / Vater der Milchstraßen / gib uns einen gelassenen Schritt, / ein gelassenes Auge, / gelassene Hände, / und einen gelassenen Geist« (Der tanzende Hiob. Styria Verlag, Graz 1981[4]).

Autoren- und Quellenverzeichnis

In diesem Verzeichnis werden die Autoren/innen genannt, deren Texte als selbständige Einheit ins Buch aufgenommen wurden. Autoren/innen, die in Einleitungen und Hinführungen zu Kapiteln zitiert werden, werden hier nicht genannt. – Die *hervorgehobene* Seitenzahl bezieht sich auf den Abdruck in diesem Buch. – ® = Rechte/VaE = Verlag am Eschbach. – Den Rechtsinhabern bzw. den Verlagen danken wir für die Abdruckgenehmigung. – Nicht in allen Fällen konnte die genaue Quelle ausfindig gemacht werden. Für entsprechende Hinweise sind wir dankbar. – Bei den sogenannten »Klassikern« werden keine Ausgaben genannt. Hier benutze der Leser die im Buchhandel erhältlichen Gesamtausgaben.

OTL AICHER: *76f* Zeit haben; *77f* In der Wüste gehen, aus: ders., Gehen in der Wüste. © 1993 S. Fischer Verlag, Frankfurt/M. • ALAIN: *88f* Eine Kur, aus: ders., Die Pflicht glücklich zu sein. © 1982 Suhrkamp Verlag, Frankfurt/M. • RUTH AMMANN: *23f* Leben braucht Räume, aus: dies., Traumbild Haus. Von den Lebensräumen der Seele. © 1987 Walter Verlag, Solothurn • ALFRED ANDERSCH: *36* Paris, 1. Mai 1977, aus: ders., empört euch der himmel ist blau. Gedichte und Nachdichtungen 1946–1977. © 1990 Diogenes Verlag AG, Zürich • CYRUS ATABAY: *75* Das Weggehen, aus: ders., Leise Revolten. Kleine Prosa aus drei Jahrzehnten. © 1992 Eremiten-Presse, Düsseldorf • ROSE AUSLÄNDER: *86f* 1982; *112* Der Tag, aus: dies., Wieder ein Tag aus Glut und Wind. Gedichte 1980–1982. © 1988 S. Fischer Verlag, Frankfurt/M.; *91f* Wachsen dürfen; *130* Zusammenwachsen, aus: dies., Im Aschenregen die Spur deines Namens. Gedichte und Prosa 1976. © 1984 S. Fischer Verlag, Frankfurt/M. ◆ WALTER BAUER: *57* Plötzlich so im Gehen; *104* Postkarte an junge Menschen. ® bei Erben W. B. • PETER BICHSEL: *27ff* Die Erde ist rund, aus: ders., Kindergeschichten. © 1969 Luchterhand Literaturverlag, Hamburg • JOHANNES BOBROWSKI: *44* Weißt du die Wiese noch, aus: ders., Gesammelte Werke 2: Gedichte aus dem Nachlaß. Hg. von Eberhard Haufe. © 1987 Union Verlag, Berlin/Deutsche Verlagsanstalt, Stuttgart • ELISABETH BORCHERS: *90* Neuer Tag; *112f* Vom Morgen zum Abend, aus: dies., Von der Grammatik des heutigen Tages. Gedichte. © 1992 Suhrkamp Verlag, Frankfurt/M. • BERTOLT BRECHT: *40f* Wer kennt wen?, aus: ders., Gesammelte Werke. Kalendergeschichten. © 1987 Suhrkamp Verlag, Frankfurt/M. • MARTIN BUBER: *82* Sabbatruhe, aus: ders., Die Erzählungen der Chassidim. © Manesse Verlag, Zürich 1949 • ANNA LARINA BUCHARINA: *58f* Es nieselte, aus: dies., Nun bin ich schon weit über zwanzig. Erinnerungen. © 1989 Steidl Verlag, Göttingen • CRISTINE BUSTA: *50* Ein Stundengebet; *108* Nach dem letzten Vaterunser, aus: dies., Wenn du das Wappen der Liebe malst. Gedichte. © 1982 Otto Müller Verlag, Salzburg; *56* Löwenzahn, aus: dies., Der Regenbaum. Gedichte. © 1977 Otto Müller Verlag, Salzburg; *81f* Am Rande, aus: dies., Unterwegs zu älteren Feuern. Gedichte. © 1965 Otto Müller Verlag, Salzburg; *90* Kleine Morgengabe; *98* Brief ans Christkind, aus: dies., Inmitten aller Vergänglichkeit. Gedichte. © 1985 Otto Müller Verlag, Salzburg ◆ HELDER CAMARA: *73* Wenn dein Boot; *127* Mach aus Gott nicht, aus: ders., Mach aus mir einen Regenbogen. Mitternächtliche Meditationen. © 1981 pendo-verlag AG, Zürich; *128* Wenigstens nachts, aus: ders., Stimme der stummen Welt. © 1989 pendo-verlag AG, Zürch • HANS CAROSSA: *65* Tagelang habe ich den Acker gepflügt, aus: ders., Sämtliche Werke in zwei Bänden. © 1962 Insel Verlag, Frankfurt/M. • CATARINA CARSTENS: *38* Mehr lehrt kein Liebender; *56* Puch; *59* Ich weiß; *60* Glück; *75* Nach vielen Jahren. ® bei der Autorin/VaE • BRUCE CHATWIN: *17f* Feng-shui, aus: ders., Was mache ich hier. Aus dem Engl. von Anna Kamp. © 1991 Carl Hanser Verlag, München/Wien • MATTHIAS CLAUDIUS: *124f* Von der Freundschaft ◆ WOLFGANG DIETRICH: *74f* Unterbrich das Denken durch Gehen. ® beim Autor/VaE • RUTH DIRX: *65* Ihr Weißen seid verrückt, aus: Hans-Joachim Gelberg (Hg.), Menschengeschichten. Drittes Jahrbuch der Kinderliteratur. © 1975 Beltz Verlag, Weinheim/Basel, Programm Beltz & Gelberg • HILDE DOMIN: *43* Nicht müde werden; *138ff* Ich lade dich ein, aus: dies., Gesammelte Gedichte.

© 1987 S. Fischer Verlag, Frankfurt/M. ◆ MICHAEL ENDE: *5f* Die Wege Phantásiens, aus: ders., Die unendliche Geschichte. © 1979 K. Thienemanns Verlag, Stuttgart/Wien; *71f* Manchmal, aus: ders., Momo. © 1973 K. Thienemanns Verlag, Stuttgart/Wien • HUGO M. ENOMIYA-LASALLE: *26* Wenn ein Haus baufällig ist, aus: ders., Der Ochs und sein Hirte. Zen-Augenblicke. Mit Kommentaren und ausgewählten Texten von H. E.-L., hg. v. Bogdan Snela. © 1990 Kösel Verlag, München • HANS MAGNUS ENZENSBERGER: *79* Ohne Verheißung wandert keiner aus, aus: ders., Die große Wanderung. Dreiunddreißig Markierungen. Mit einer Fußnote »Über einige Besonderheiten bei der Menschenjagd«. © 1992 Suhrkamp Verlag, Frankfurt/M. ◆ LUDWIG FELS: *79* Fluchtweg, aus: ders., Der Anfang der Vergangenheit. © 1984 R. Piper Verlag, München • ERICH FRIED: *39f* Dich, aus: ders., Es ist, was es ist. © 1983 Verlag Klaus Wagenbach, Berlin • MAX FRISCH: *59* Letzigraben, aus: ders., Tagebuch 1946–1949. © 1950 Suhrkamp Verlag, Frankfurt/M. • WALTER HELMUT FRITZ: *41* Teekanne; *107f* Sehnsucht, aus: ders., Gesammelte Gedichte. Verlag Hoffmann und Campe, Hamburg 1979. ® beim Autor • LEONHARD FROESE: *115f* Für Erwachsene, aus: ders., Zehn Gebote für Erwachsene. Suhrkamp Verlag, Frankfurt/M. 1979. ® beim Autor ◆ GEBRÜDER GRIMM: *62f* Die Sterntaler ◆ PETER HÄRTLING: *80* Je kleiner unser Planet, aus: ders., Der Wanderer. © 1988 Luchterhand Literaturverlag, Hamburg • DAG HAMMARSKJÖLD: *106* Du, der über uns ist, aus: ders., Zeichen am Weg. © 1965 Droemer Knaur Verlag, München • ROLF HAUFS: *43* Auf einem Gartenstuhl, aus: ders., Die Geschwindigkeit eines einzigen Tages. Rowohlt Verlag, Reinbek 1976. ® beim Autor • MANFRED HAUSMANN: *20ff* Worte zum Richtfest eines Hauses, aus: ders., Wege und Umwege. Betrachtungen. © 1985 S. Fischer Verlag, Frankfurt/M; *72* Wir sind übrigens alle unterwegs, aus: ders., Der Wanderer namens Lampioon, in: ders., Lampioon. © 1928 Carl Schünemann Verlag, Bremen. Alle Rechte vorbehalten S. Fischer Verlag, Frankfurt/M. • ANITA HEYDEN: *102* Sichtbar werden. ® bei der Autorin • HILDEGARD VON BINGEN: *107* Die Seele • MAIELIES HIRSCH: *98* für F. ® bei der Autorin/VaE • KÄTHI HOHLHAUSER: *46f* Ich möchte über deine weißen Haare streichen, aus: dies., Sie tragen, deine Flügel tragen. Geistliche Gedichte, Besinnungen zu biblischen Worten. © 1984 Berchtold Haller-Verlag, Bern ◆ INDIANER (SHAWNEE): *82* Ich ziehe die Dornen; *126* Der Rat der Alten, aus: Peter Baumann, Der Wind ist unser Atem. Indianische Welterfahrung in poetischen Texten und Bildern. © 1989 Hoffmann und Campe Verlag, Hamburg. • JOHANNES XXIII.: *114* Nur für heute • CARL GUSTAV JUNG: *44* Den Aufschwung loslassen. © Walter Verlag, Solothurn ◆ WERNER KALLEN: *18f* Baumgebet, aus: ders., Zu Gast in deinen Zelten. Biblische Visionen. Patmos Verlag, Düsseldorf 1990. ® beim Autor • GEOFFREY KEATING: *64* Reichtum der Armut, aus: Irische Harfe. Deutsch von Hans Trausil. © 1957 Langewiesche-Brandt, Ebenhausen 1983 • MARTIN LUTHER KING JR.: *116* Gewaltlos leben • CHARLOTTE KNÖPFLI-WIDMER: *48* Dein Grab ist mir unwichtig geworden, aus: dies., Liebe über den Tod hinaus. © 1990 Amboss Verlag, St. Gallen, Au • OLLY KOMENDA-SOENTGERATH: *14* Kein Dach; *71* Meßlatte, aus: dies., Unerreichbar nahe. Gedichte. Das neueste Gedicht NF 21. © 1986 Heiderhoff Verlag, Eisingen; *37* Der Morgen genügt; *87f* Das Neue Jahr. ® bei der Autorin/VaE • GÜNTER KUNERT: *103* Leute, aus: Hans-Joachim Gelberg (Hg.), Menschengeschichten. Drittes Jahrbuch der Kinderliteratur. Beltz Verlag, Weinheim/Basel, Programm Beltz & Gelberg 1975. ® beim Autor • REINER KUNZE: *55* Sonne auf dem Brot; *62* Spielplatz, aus: ders., Am Sonnenhang. Tagebuch. © 1993 S. Fischer Verlag, Frankfurt/M. ◆ JOHANN KASPAR LAVATER: *126* Findest du einen Menschen ◆ KIM MALTHE-BRUUN: *45ff* Mein kleiner Liebling, aus: Edwin Shneidman, In grenzenloser Unempfindlichkeit. Briefe und Zeugnisse von Menschen, die ihren Tod erwarten. © 1987 Kindler Verlag, München • KURT MARTI: *93* Glück-Wünsche. ® beim Autor • ANNE MORROW-LINDBERG: *36f* Wenn man jemanden liebt, aus: dies., Muscheln in meiner Hand. © 1955 R. Piper & Co, München • THOMAS MORUS: *113f* Schenke mir, Herr • HANNS-OTTO MÜNSTERER: *42* Müde werden, aus: ders., Mancher Mann. Gedichte. Ausgewählt und mit einem Nachwort versehen von Manfred Bruneck. © 1980 S. Fischer

Verlag, Frankfurt/M. ◆ ANTJE SABINE NAEGELI: *55f* Mit jedem Frühlingstag; *57* Vieles, das wir Glück nennen; *58* Was ist Glück; *60* Mein Glück; *84* Möge ® bei der Autorin/VaE • YOICHI NAKAGAWA: *37f* Auch in diesem Winter, aus: ders., Die Yugao-Blüte am Himmel, in: Der Kirschblütenzweig, hg. und übers. v. Oscar Benl. © 1985 Nymphenburger Verlagshandlung, München • CRISTINE NÖSTLINGER: *73f* Aber als der Herbst kam, aus: dies., Eine mächtige Liebe. © 1991 Beltz Verlag, Weinheim/Basel, Programm Beltz & Gelberg ◆ JACQUES POHIER: *80* Gott ist ein Gott, der kommt, aus: ders., Wenn ich Gott sage. © 1980 Walter Verlag, Solothurn ◆ RAINER MARIA RILKE: *100* Habe Geduld, aus: ders., Briefe an einen jungen Dichter. © 1929 Insel Verlag, Frankfurt/M. • JOACHIM RINGELNATZ: *55* Morgenwonne; *96* Schenken, aus: ders., Das Gesamtwerk, Band 1 und 2. © Henssel Verlag, Berlin • ANTON ROTZETTER: *116ff* Den Sinn des Lebens buchstabieren. ® beim Autor/VaE • FRIEDRICH RÜCKERT: *86* Nun ist das Licht im Steigen, aus: ders., Kindertotenlieder • BERTRAND RUSSELL: *Umschlagklappe* Es gibt ja keinen, aus: ders., Eroberung des Glücks. st 389. © 1967 Suhrkamp Verlag, Frankfurt/M. ◆ SYBIL GRÄFIN SCHÖNFELDT: *96f* Wer an Ring und Käfer, aus: dies., Viel Glück. Von Glückwünschen, Glücksbringern und Glückssymbolen. © 1992 Herder Verlag, Freiburg/Basel/Wien • JÜRGEN SCHWARZ: *7ff* Hast du dir denn nichts gewünscht?; *15ff* Wo Wünsche wachsen dürfen; *33ff* Wenn Wünsche wachsen dürfen; *50ff* Vom Glück; *67ff* Sich das Wohlbefinden anlaufen; *84f* Heute; *94* Möge dich der leichte Mantel des Schnees; Ich wünsche dir Wissen; *100f* Ablegen unnötige Ziele; *110f* Heute und Morgen; *113* Den Tag bejahen; *121ff* Zehn Empfehlungen für die Zukunft; *122f* Zehn Empfehlungen für Älter-Werdende; *126f* Zehn Regeln für das friedliche Streiten; *128ff* Zehn Bitten für die letzten Stunden; *132ff* Auskünfte. ® beim Autor/VaE • HEINRICH SEUSE: *72* Wer allezeit • JULIANE SOBING: *57f* Blätterfall. ® bei Autorin/VaE • DOROTHEE SÖLLE: *33* Wie spatzen sind meine wünsche, aus: dies., spiel doch von brot und rosen. gedichte. © 1981 wolfgang fietkau verlag, berlin; *63* Jemandem sein glück glauben, aus: dies:, fliegen lernen. gedichte. © 1980 wolfgang fietkau verlag, berlin • CHRISTA SPILLING-NÖKER: *95* Möge dich ein Engel; *104f* Fehler machen dürfen. ® bei der Autorin/VaE • IRMGARD STACHELHAUS: *97f* Stille Gaben. ® bei der Autorin • LUDWIG STEINHERR: *115* Letzte Entscheidungen, aus: ders:, Unsere Gespräche bis in den Morgen. Gedichte. Das neueste Gedicht NF 33. Mit einem Nachwort von Heinz Piontek. © 1991 Heiderhoff Verlag, Eisingen. • ANNE STEINWART: *12* Wünsch dir was, aus: dies., Nicht aufzuhalten. Neue Gedichte. © 1987 Mosaik Verlag, München • ADALBERT STIFTER: *42f* Es ist morgens • PETER STUDLER: *92* den unwiderstehlichen duft; *110* in den schuhen von andern, aus: ders., Meine Vorstellung. 49 Nummern. © noah-verlag, Oberegg ◆ RABINDRANATH TAGORE: *106* Herr, ich komme zu dir • HENRY DAVID THOREAU: *77* Man fragt mich, aus: ders., Walden oder Leben in den Wäldern. Aus dem Amerikanischen von Emma Emmerich und Tatjana Fischer. © 1971 Diogenes Verlag AG, Zürich • TSCHUANG-TSE: *81* Es war einmal, aus: Thomas Merton (Hg.), Sinfonie für einen Seevogel und andere Texte von Tschuang-tse. Aus dem Engl. von Johann Hoffmann-Herreros. © 1984 Patmos Verlag, Düsseldorf • FRIDOLIN TSCHUDI: *99* Anakreontischer Imperativ, aus: ders., Medizin des Lächelns. Gedichte für Kranke und Gesunde. © 1976 Sanssouci-Verlag AG, Zürich ◆ RUDOLF OTTO WIEMER: *91* Glück. ® beim Autor; *Umschlagsrückseite* Das Kind sagt, aus: ders., Ernstfall. Gedichte. © 1989[3] J. F. Steinkopf Verlag, Stuttgart • WILHELM WILLMS: *101f* steh auf, aus: ders., der geerdete himmel. © 1986[7] Verlag Butzon & Bercker, Kevelaer (gekürzt) ◆ EVA ZELLER: *105* Postscriptum, aus: dies., Auf dem Wasser gehn. Gedichte. © 1979 Deutsche Verlagsanstalt, Stuttgart • LOTHAR ZENETTI: *47* Wir kommen und gehen, aus: ders., Texte der Zuversicht. © J. F. Pfeiffer Verlag, München • RUDOLF ZERFASS: *24f* Selbst Hausbesitzer, aus: ders., Gastfreundschaft – Menschen in unser Leben hineinnehmen, in: Otto Hermann Pesch (Hg.), Mehr Leben, als du ahnst. Vom christlichen Umgang mit Menschen und Dingen. © 1981 Matthias-Grünewald-Verlag, Mainz ◆